같이 좀 모르자

장애인 예술교육 강의 노트

같이 좀 모르자
장애인 예술교육 강의 노트

지은이 최선영

펴낸날 2024년 10월 23일 초판 1쇄 발행

펴낸곳 스튜디오네버다이

등록 제25100-2024-000005호

전자우편 studio.nvrd@gmail.com

인쇄 금비피앤피

ISBN 979-11-986347-8-8 (93600)

같이 좀 모르자

최선영 글

장애인 예술교육 강의 노트

차례

길게 여는 글

이런 책은 아니다

장애인 예술교육에 대한 강의를 여러 현장에서 해오고 있는 내가 강의를 준비하거나 진행하며 적어두었던 생각을 이 책을 통해 공유하고자 한다. 그래서 책에는 강의 내용이 포함되어 있기도 하지만 그것만 있지는 않다. 강의는 하면 할수록 질문이 많아지기 때문이다. 특히 강의 현장에서 다양한 의견이나 반응을 만나면 다음 강의의 범위와 내용을 재구성하기도 한다. 강의도 하면서 동시에 교육 현장에 나가 직접 활동을 진행해 보면 새롭게 보이는 부분도 있다. 그러면 몇 년간 동일한 자료를 바탕으로 강의를 하는 것이 적절하지 않다는 판단도 하게 된다. 그런 측면에서 나에게 강의하기는 현장에서의 질문을 다시 돌아보며 타인과 나누는 작업이다. 그런데 이때 주로 나누게 되는 것은 새로운 방법이 아니라 여전히 풀리지 않는 질문이다. 나도 계속 모르는 무언가에 대해 사실 당신도 모르고 있지 않냐고 묻기도 한다. 또한 무언가를 확정할 수 없음을 인정하며 함께 이 활동을 해보자고 제안하기도 한다. 그렇기에 강의는 내용 전달이 아니라 질문을 동반한 말 걸기다.

같이 좀 모르자

그래서 이 책은 효과적인 방법이나 사례 중심으로 서술되어 있지 않다. 나는 그럴 수 없다고 생각한다. 오히려 그럴 수 있다는 전제가 있다면 그것은 무엇으로부터 시작된 것인지 궁금하다. 장애인 관련이라서 더욱 그래야만 한다고, 그럴 수 있다고 보는 관점도 있는 듯하다. 이를테면 장애 유형이나 특성에 따라서 말이다. 물론 그러한 요소도 예술교육의 고려 요소 중 하나는 될 수 있다. 단지 그것이 너무 지배적 관점이 되거나 사람과의 소통 과정에서 계속 시작점이 되는 것에는 질문이 남는다. 그 관점이 시작된 배경에 대해 오히려 길고 긴 대화를 하고 싶다. 이 책에는 언젠가 이루어질지 모를 그 대화를 위해 내가 축적한 문장들이 담겨있다. 모두 교육 현장에서 길어 올린 생각들이다.

이쯤에서 이 책에 대한 소개를 더욱 분명하게 하자면 다음과 같다.

첫째, 이 책에는 장르별 교수법이 없다.
둘째, 이 책에는 장애 유형별 교육 매뉴얼이 없다.
셋째, 이 책에는 프로그램의 계획안을 짜는 방법론이 없다.

차차 이야기하겠지만 장르 중심, 장애 유형 중심, 프로그램 중심, 계획 중심의 관점을 벗어나는 것이 중요하다고 생각하기 때문이다. 그 이유는 첫째, 예술교육이 다양한 '사람'을 만나는 활동이기 때문이며, 둘째, 예술교육이 이루어지는 현장의 조건들이 각기 다르기 때문이다. 이것은 어쩌면 너무 당연한 이야기인데 그 맥락을 책 곳곳에 풀어쓰게 될 것이다. 그 당연함이 왜 자연스러운 전제가 되지 못하는지도 함께 생각해 보고 싶다.

같이 모르고 싶은 것들이 계속 생겨난다. 그렇기에 오래도록 알지 못하더라도 멈추지 않는 질문과 실천을 여러 현장에서 만나고 싶다. 2007년부터 이어진 질문을 바탕으로 이제, 말 걸기를 시작한다.

이런 책이고 싶다

사실 그동안 여러 책에 글을 실었다. 좀 더 정확히 이야기하자면 공공기관의 연구 보고서나 사업 자료집 등에 글을 썼다. 자체적인 연구를 했던 적도 있다. 현장의 경험이나 사례를 담아내는 언어가 정책의 토대로서 충분히 자료화되어 있지 못하다고 생각했기 때문이다. 장애인에게 예술교육이 어떤 효과가 있다, 있어야 한다는 관점이 정책 설계에 주로 영향을 주고 있는 것으로도 보였는데 그보다 본질적이고 깊은 질문이 지속될 필요도 느꼈다. 그래서 무엇보다 정책에 기여할 수 있는 근거로서의 언어가 필요하다고 생각했다. 그래서 예술교육 이후 혼자 쓰던 일지나 글들을 모아 자료집에 싣거나 웹진 원고를 작성했다. 현재도 그러한 활동은 지속하고 있다.

그런데 언젠가부터 정책적 변화만이 의미 있는 것은 아니라는 점, 예술교육 현장은 매일 벌어지고 있다는 점, 그 안에서 예술교육가들은 반복되는 고민을 되돌아볼 기회가 필요하다는 점 등을 확인하고 있다. 몇 년 전부터는 예술가, 예술교육가, 기획자, 활동가, 실무자, 장애인 자녀를 둔 부모가 메일이나 SNS 메시지로 예술교육 관련 질문을 보내오기도 한다. 답변을 할 때에는 주로 그동안 쓴 글의 웹페이지 주소나 연구 보고서 파일을 보내고 있지만 문득 그러한 글들이 많은 사람들에게 익숙한 표현 방식을 취하고 있을지 의문이 들었다. 제도의 흐름을 분석하는 글, 도표나 그래프로 정리된 문서, 정책적 제언으로 결론이 나는 보고서 등이 당장 누군가를 만나고 함께 시간을 보내는 사람들에게는 낯선 자료가 될 수도 있겠다는 생각이 들었다.

또한 강의 현장에서도 매우 구체적이고 개별화된 질문이 많다는 것을 다시 떠올렸다. 예를 들면

"예술교육을 하는 것 자체는 오히려 어렵지 않은데 관계자나 보조자가 장애인의 표현 활동에 너무 개입하거나 결과물을 자꾸 요구해요. 이럴 때는 어떻게 해야 하나요?"

"장애 아동이 예쁘게 여러 색을 칠해 놓고는 결국 어두운색으로 그걸 다 덮어버려요. 이런 건 어떻게 해석해야 할까요?"

"대학에서 제가 배운 예술을 교육 현장에 적용하려고 하

니 할 수 있는 게 많지 않아요. 다른 현장 사례들이라도 알고 싶은데 뭘 어떻게 찾아봐야 하나요?"

등 직접 해본 사람만이 갖고 있는 고민들이 많았다. 혹은 장애인 예술교육의 경험이 거의 없으나 이제 막 시작하려는 사람의 경우

"제가 비장애인인데 특히 뭘 조심해야 할까요?"

"시각장애인에게는 어떤 프로그램이 적합한가요?"

"장애인에게 어떤 예술교육을 하면 효과가 있을까요?"

같은 질문을 하기도 했다. 이미 장애나 장애인을 바라보는 관점이 관습화되어 있는 상태에서 예술교육 내에서 무엇을 하면 될지만 궁금해하는 경우도 적지 않았는데 이런 경우 어떤 표현과 근거로 질문의 방향이나 범위를 바꿔야 할지 고민이 되었다.

어쨌든 이러한 경험을 바탕으로 그동안 쓴 글과 연구의 과정을 참고하되 더욱 일상적이고 덜 무거운 표현으로 책을 쓰고자 했다. 특히 많이 바쁜 사람이 다음 교육 현장으로 이동하며 한 챕터씩 읽으면 좋을

정도의 분량으로 글을 쓰고 싶었다. 그리고 앞뒤의 맥락이나 다른 주제도 궁금하다면 조금씩 관심을 확장해 내용을 읽어볼 수 있도록. 무엇보다 그것의 결론이 '이제 알겠다!'로 명쾌해지지 않기를 바랐다. 오히려 사람에 대해 모를 수 있다는 것을 인정하는, 다른 차원의 편안함이 생기기를. 자신의 질문이 너무 작고 사소한 것이 아니라는 것을 발견하며 그 질문하기의 지속을 활동의 동력으로 활용할 수 있기를. 책에 담기기 어려운 더 날 것의 표현을 혼자 되뇌며 누군가 오늘도 무언가를 해볼 수 있기를.

같이 좀 모르자

욕구와 권리

예술교육은 뭘까. 예술을 교육한다는 것은 어떤 의미일까. 이 책을 시작하기 위해서는 이에 대한 나의 관점이 먼저 공유될 필요가 있다. 보편적 개념이 아니라 개인의 관점을 소개하는 이유는 예술교육에 대한 다양한 관점이 존재한다는 것에 동의하기 때문이다.

예술교육에 대한 관점에 크게 작용하는 것은 예술에 대한 관점이다. 이것은 인간이 예술을 하는 이유에 대한 것이기도 하다. 사회적, 문화적 상황 속에서 그 이유는 바뀔 수 있다. 그렇다면 현재, 인간은 왜 예술을 할까. 그리고 장애인의 '예술하기'는 어떤 의미일까. 혹시 장애가 있음에도 불구하고 해낼 수 있거나 존재를 증명할 수 있는 방안으로 예술이 선택되고 있는 것은 아닐까. 혹은 장애를 드러내지 않기 위해 선택되는 아름답거나 완결성 있는 표현 방식으로 예술이 전제되는 것은 아닐까.

질문이 끝없이 이어지는 상황에서 다시 인간이 예술을 하는 이유를 생각해 본다. 예술이 다른 행위, 활동, 혹은 분야와 가장 다른 점은, 목표나 성과, 쓸

모와 무관하게 이루어진다는 점이다. 예술은 그저 '하고 싶다'는 인간의 표현 욕구를 바탕으로 시작되는 경우가 많고 누군가 어떤 의도를 가지고 무언가를 할지라도 그것이 일반적인 성과로 연결되지 않기도 한다. 예술성이 살아있는 사례나 결과물이 언제나 그만큼의 효과나 성과, 혹은 돈으로 연결되지 않는 것처럼 말이다.

흔하게 떠올리는 예술은 전시나 공연, 혹은 그 안에 담긴 작품과 같이 결과물의 형태지만 그것의 시작은 전시를 하겠다, 공연을 하겠다는 것이 아니라 '무언가를 표현하고 싶다'는 욕구이다. 자신의 행위에 대한 의도를 미리 생각하기 어려운 사람에게도 욕구는 동일하게 있다. 인간에게는 모두 무언가를 표현하고자 하는 욕구가 있는 것이다. 그렇기에 더욱 보편적 의미에서 예술에 대한 논의를 시작한다면, 인간이 무언가를 하고자 하는 것, 즉 '욕구'에 집중할 필요가 있다. 다양한 욕구가 행위, 실험, 실천 등으로 구체화될 때 그중 무언가가 예술로도 해석되는 것이다.

나는 이러한 맥락에서 미세한 눈빛이나 근육의 움직임으로 자신의 표현 욕구를 드러내는, 혹은 드러내야 하는 사람들까지도 고려한 예술관을 전제로 예술교육을 이야기하고자 한다. 그렇기에 이 책은 장애인이 그림을 그리는 것, 악기를 연주하는 것, 공연을 하는 것만을 염두에 두고 예술교육을 이야기 하지 않는다. 그보다는 다양한 사람들이 자신의 속도와 방식으로 무언가를 표현하고자 하는 욕구, 그것을 드러낼 수 있는 범위 확장에 집중하고자 한다. 심지어 그렇게 표현된 욕구 혹은 무언가가 다수에게 예술로 해석되지 않을 수 있다고도 생각한다. 예술교육은 누군가가 예술을 할 수 있다는 것을 증명하는 것이 아니라 예술이라는 자리를 활용하여 각기 다른 표현 욕구를 드러낼 수 있는 기회를 만드는 것이기 때문이다. 정답이나 옳고 그름이 없는 예술은 '기회'를 위한 넓은 배경이자 명분이 될 수 있다. 그런 측면에서 이 책은 장애인을 포함한 인간의 욕구와 권리를 바탕에 두고 있다. 모든 인간이 가지고 있는 요소를 바탕으로 예술교육의 의미를 서술하려는 것이다.

예술교육과 장애인 예술교육

예술교육의 대상을 보편적 범위로 전제한다면 장애인을 특정할 필요가 없다는 생각도 든다. 하지만 예술교육이라고만 명시했을 때 장애인과 비장애인을 포함하기보다 비장애인 중심의 예술교육을 떠올리는 것이 일반적이다. 복잡한 공간을 이동하며 하는 활동, 자신의 생각을 말로 표현하는 활동, 자유롭게 두 팔과 두 다리를 쓰는 활동 등을 바탕으로 예술교육의 방법론이나 방향성이 모색되기도 한다. 또한 그러한 내용의 연구나 기록은 이미 많다. 그렇기에 이 책은 의도적으로 '장애인 예술교육'을 호명하며 시작한다. 하지만 중요한 것은 그와 관련한 강의 자체가 아니라 '강의 노트'라는 점이다. 장애인 예술교육에 대해서 생각해 볼 내용, 그리고 장애인도 참여하는 예술교육을 통해 발견할 수 있는 질문을 담고자 한다. 그 질문은 결국 사람에 대한 질문이다. 이러한 접근은 장애인만을 대상으로 한 예술교육의 의미를 강조하는 것과 차이가 있다.

그러한 맥락에서 이 책은 궁극적으로 장애인과 비장애인이 함께 하는 예술교육 현장을 지향한다.

단지 그러한 현장 관련 논의에 있어서 장애인의 표현 행위에 대한 관점이 부차적이거나 부수적인 경우가 많기에 책 제목에 의도적으로 '장애인 예술교육'을 명시한 것이다.

물론 장애인의 개별 상황에 따라서 특수하게 필요한 예술교육도 있다. 그것의 의미에 충분히 공감한다. 단지 그러한 맥락의 연구나 기록이 장애인 예술교육에서 주를 이루고 있다는 것은 되짚어볼 필요가 있다. 특수한 교육에의 확대만 강조할 경우 장애인은 여전히 사회적으로 분리된 채 새롭게 기획, 개발되는 교육을 제공받는 위치에 놓일 수 있기 때문이다. 또한 장애 유무와 상관없이 인간에게는 자신과 다른 사람들의 다양한 표현 방식을 경험하고 인식할 수 있는 기회도 중요하다. 서로의 다름, 혹은 연결성을 마주하는 자리로서 예술과 예술교육은 큰 역할을 할 수 있다. 따라서 이 책은 기존의 관점에 문제가 있다, 그래서 반대 방향을 추구해야 한다는 선택적 주장을 하는 것이 아니다. 그보다는 현재 부족한 언어나 관점, 그리고 다양성 자체에 의미를 싣기 위한 시도라고 설명할 수 있다.

예술교육과 문화예술교육

2007년, 나는 미대 졸업 후 경기도에 있는 작은 비영리 예술단체에서 예술교육을 보조하는 일을 시작했다. 돈을 벌어서 작업실 월세를 내려고 했던 의도였는데 몇 개월 일을 한 후부터 창작 활동보다 교육 활동에 더 큰 관심이 생겼고 지금까지 이렇게 활동하고 있다. 그 예술단체는 공공기관에서 받은 지원금으로 지역의 일반학교 내 특수학교에서 '문화예술교육'을 진행하고 있었다. 나는 이때 문화예술교육이라는 말을 처음 들었다. 이 개념은 국내에서 2006년 6월 「문화예술교육 지원법」 시행과 함께 적극적으로 사용되기 시작했다. 즉, 정책적 배경을 바탕으로 등장한 개념이다. 「문화예술교육 지원법」에 명시된 문화예술교육의 기본원칙은 다음과 같다.

① 문화예술교육은 모든 국민의 문화예술 향유와 창조력 함양을 위한 교육을 지향한다.

② 모든 국민은 나이, 성별, 장애, 사회적 신분, 경제적 여건, 신체적 조건, 거주지역 등과 관계없이 자신의 관심과 적성에 따라 평생에 걸쳐 문화예술을 체계적으

같이 좀 모르자

로 학습하고 교육받을 수 있는 기회를 균등하게 보장받는다.

즉, 문화예술교육은 국민의 권리와 밀접한 관련이 있다. 주로 동네 미술 학원을 다니거나 입시 경쟁을 통해 미대에 진학했던 나에게 이 개념은 다소 낯설기도 했다. 인간이 문화예술을 교육받을 수 있는 기회를 보장받는다니. 그리고 주변을 살펴보니 이미 문화예술 분야에서는 문화예술교육이 다양한 공공사업들로 진행되고 있었고 해가 거듭될수록 관련 기관이나 단체, 사업이 늘어나고 있었다. 그 안에는 장애인 문화예술교육 사례도 조금씩 있었다. 갑자기 문화예술교육을 언급하는 이유는 이 개념이 예술교육과 혼재돼서 사용되기도 하고 아예 다르게 사용되는 경우도 있기 때문이다.

먼저 두 가지 개념이 유사하게 사용되는 이유는 교육 활동을 하는 주체, 즉 예술교육가가 현실적인 이유로 두 가지 이름의 활동을 동시에 하고 있기 때문이다. 실제 교육의 내용이나 방법이 유사한 경우도 많다. 나 역시 그러하다. 또한 공공기관에서도 두 가지 개념을 혼용하여 사업을 추진하는 경우가 종종 있다. 그래서 공공 단위 문화예술 분야에서 '예술교육을 한다'는 것은 '문화예술교육을 한다'는 것으로 이해되는 경우가 많다.

반면 두 가지 개념이 다르게 사용되는 이유는 '예술을 교육한다'는 1차적 의미만 강조될 때 문화예술교육의 지향점과 예술교육의 목적에서 차이가 발생하기 때문이다. 예를 들어 누군가에게 피아노 치는 방법을 가르친다, 수채화 그리는 기술을 알려준다는 것도 '예술을 교육한다'고 표현할 수 있다. 이럴 경우 장르 중심의 레슨이나 입시 교육도 예술교육 의미 안에 포함될 여지가 있다. 그러나 그 목적은 문화예술교육의 지향점, 기본원칙과 차이가 있다.

그런데 예술교육에 있어서 공공적 의미가 강할 경우 국민의 균등한 기회 보장을 지향하는 문화예술교육의 원칙을 바탕에 둘 필요가 있다. 그렇기에 인간의 욕구와 권리를 바탕에 둔 예술교육에 대해 서술하고자 하는 이 책은 더욱 구체적으로는 문화예술교육이라는 말을 제목에서 선택하는 것이 적절할 수 있다. 그러나 나는 개념적, 논리적 맥락보다 현실적 인식의 정도와 가능성을 바탕으로 '예술교육'이라는 개념

같이 좀 모르자

을 선택했다. 즉, 문화예술교육이라는 개념이 익숙하지 않은 경우도 있다는 점, 사람들의 인식 정도를 기준으로 둘 때 예술교육이라는 개념이 더 넓은 범위에서 관심을 일으킬 수 있다는 점을 중요하게 생각했다. 문화예술교육을 모르는 사람도 우연히 이 책을 펼쳐볼 수 있도록, 그리고 예술교육을 문화예술교육의 맥락으로도 생각해 볼 수 있도록 하기 위해서이다.

이것을 보다 구체적인 사례로 이야기하자면, 최근 몇 년 사이 장애인의 예술교육 관련 활동을 하고자 하는 누군가가 나에게 개별 질문을 하는 경우 그 의도와 무관하게 주로 '예술교육'이라는 표현을 쓴다는 점이다. 그 사람은 문화예술교육이라는 개념은 잘 모르지만 표현이나 참여의 권리에 초점을 두고 예술교육을 말하기도 한다. 즉, 장애인이 비장애인 중심적 예술 활동에 참여하기 어려운 상황에서 어떻게 예술교육이 이루어져야 하는지 궁금해하는 것이다. 이때 사람들은 쉽게 '예술교육'이라는 표현을 쓴다. 그렇기에 이 책은 문화예술교육의 지향점에 바탕을 두되, 다수가 더 일상적으로 사용하는 표현을 선택해 서술하고자 한다. 이 책이 문화예술교육을 아는 사람들에게만 노출되지 않도록 말이다.

관찰이
질문을 만들었다

장애 유형 외에 무엇을 궁금해할 수 있을까

먼저 질문을 던져본다.

　　　　A에서 설명하는 사람을 B에 제시된 교육 참

여자로 연결할 수 있을까.

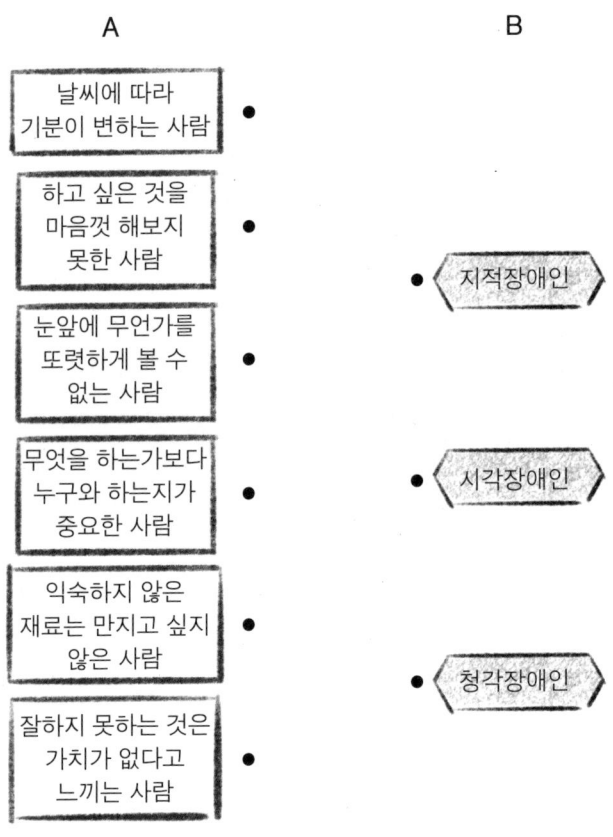

　　　　　　　　　　　　　　　　　같이 좀 모르자

5분 간격으로 자리에서 일어나는 사람	●	
많은 사람 앞에서 말하는 것이 부끄러운 사람	●	● 〈 지체장애인 〉
다른 사람의 생각이 궁금하지 않은 사람	●	
칭찬이 꼭 필요한 사람	●	
쉬고 싶은 사람	●	● 〈 정신장애인 〉
타인의 이야기에 길게 집중하기 힘든 사람	●	
타인의 선택으로 활동에 참여한 사람	●	● 〈 자폐성장애인 〉
여러 단어를 연결해서 말을 하기 어려운 사람	●	
몸의 일부 근육이 자신의 뜻대로 움직이지 않는 사람	●	● 〈 뇌병변장애인 〉
아무것도 하고 싶지 않은 사람	●	

망설임 없이 A와 B를 연결할 수 있을까.

아마도 누군가는 함부로 사람을 유형화할 수 없음에 불편해하기도 하고 일반적으로 알고 있는 장애 유형별 특수성이 A에서 언급되지 않아서 망설일지도 모른다. 또는 A에서 언급된 부분이 꼭 장애인에게만 해당되는 것인지 의문이 들 수도 있다.

A에 언급한 사람들은 내가 교육 현장에서 만났던 다양한 장애인 혹은 비장애인이다. 중요한 것은 교육 현장에서 누군가를 만나고 조금씩 알게 되면 그 사람이 가진 장애보다 성격, 성향, 관심사, 소통 방식 등이 개별화된 특성으로 더 보이게 된다는 것이다.

그렇기에 위에서의 설정은, 장애인 예술교육이 주로 B에서 A로 접근되고 있는 것은 아닌지, 혹은 B 자체에만 집중하는 것은 아닌지 묻는 것이기도 하다. 물론 어떤 관점, 방향성이 더 옳다고 판단할 수는 없다. 그러나 예술교육가가 하나의 관점으로만 사람을 바라보게 될 경우 다양한 소통이나 교감은 이루어지기 어려울 것이다.

그렇다면 A와 B의 위치를 바꿔보면 어떨까. 조금 더 쉽게 양쪽을 연결할 수 있을까.

같이 좀 모르자

물론 장애 유형별 특성은 존재한다. 그러나 중요한 것은 그것이 사람을 구성하는 중심 요소가 되지 못할 때도 많다는 것이다. 그럼에도 장애인은 예술교육 안에서 참여자 이전에 장애인이 된다. 누군가는 장애 자체에 대해, 장애 유형별 특성에 대해, 그 특성이 담아내지 못하는 개별성에 대해 잘 모름에도 말이다. 어쩌면 '장애'라는 단어, 혹은 개념은 비장애인 중심의 예술교육에 대한 반성적 의미로 획득된 정책적, 사업적 용어일지도 모른다. 하지만 예술교육가는 이러한 교육 안에서 얼마나 다양한 개인들을 만나고 있는가. 그 다양함은 장애와 관련된 특수성 이전에 사람마다의 개별성으로 인식되고 있지 않은가.

　　나는 몇 년 전, 공공기관 중심의 장애인 예술교육 사업을 모니터링하면서 개인적으로는 다소 이해가 부족했던 청각장애인과 시각장애인을 만났다. 이들은 표현이나 소통 방식에 있어서 비장애인과 차이가 있기에 교육 진행과 관련해 준비하거나 고려해야 했던 장치들이 분명히 있었다. 그러나 이들이 가지고 있는 사람으로서의 개별성은 몇 가지 장애 특성에 가려져 보이지 않을 만큼 사소한 것은 아니었다. 또한 대부분의 예술교육가들이 "장애와 관계없이 그냥 사람이에요. 별로 특별하지 않아요"라고 이야기하기도 했다. 무엇을 좋아하는 사람, 무엇을 싫어하는 사람, 무엇을 더 하고 싶어 하는 사람 등으로 그 사람을 표현하는 것이 더 자연스럽기도 했다.

이러한 상황에서 장애인 예술교육에 대한 다른 관점도 생각해 볼 수 있다. 장애 특성이 아니라 개별성으로부터. 이것은 장애 이해도에 대한 부담감을 줄이는 것처럼 들리지만 사실 더 큰 어려움을 전제하기도 한다. 그것은 첫째, '장애'에 대한 관념화된 요소들을 내려놓아야 한다는 점, 둘째, 장애 유형별로 예측 가능한 장애인이라서가 아니라 가늠할 수 없는 사람이라서 결국 사람에 대한 관심이 깊고 예민하게 필요하다는 점이다. 그리고 개별성을 염두에 둔다는 것은 예술교육이 유연성을 가져야 한다는 것과도 연결된다. 쉽게 예측하거나 파악하기 어려운 사람들과 무언가를 해보기 위해서는 결국 그 사람들의 개별화된 특성을 유연하게 받아들일 수 있는 자세가 필요하기 때문이다. 그런 측면에서 (장애, 비장애를 떠나) 예술교육은 이럴 수도 있고 저럴 수도 있는 사람들의 상태를 어떻

같이 좀 모르자

게 참여의 범위로 끌어안을 수 있을지가 중요하다.

마지막으로 또 다른 질문을 해보고 싶다. 예술교육가가 장애인 예술교육에서 B를 통해 A를 발견했든, 처음부터 A를 만났든, 다시 A를 B로 연결하려고 하고 있지는 않을까. 어쩌면 비장애인 중심의 예술교육에서는 B라는 필터 혹은 분류가 필요하지 않은데 B의 과정을 통해서만 효과적이고 차별화된 장애인 예술교육을 설명하려고 하고 있지는 않을까. 정책적, 사업적 교육대상으로 사람을 분류할 수밖에 없는 현실을 부정할 수는 없으나 그 틀이 교육 현장에까지 이어질 필요는 없을 것이다. 그런 맥락에서 예술교육가가 개별성과 유연성을 모색한다는 것은, 개별적 장애 특성에 따라 능숙한 처세를 해낸다는 것이 아니라, 다양한 개별성을 참여로 이끌어낼 수 있는 열린 관점과 태도를 추구한다는 것이다. 그렇기에 낯설 정도의 구체적인 개별성을 염두에 두고 존중하려는 유연한 사람들이 앞으로 장애인 예술교육의 방향성을 폭넓게 만들어나갈 수 있을 것이다.

* 이 글은 2019년 서울문화재단 〈서울형 장애 아동, 청소년 예술교육사업〉 관련 기록 원고 「장애예술교육, 특수성을 넘어 개별성으로」를 바탕으로 작성되었다.

개별성의 넓은 스펙트럼

내가 교육 참여자의 개별성에 관심이 생긴 이유는 무엇보다 교육 현장에서 그것이 가장 두드러지게 인식되었기 때문이다. 나는 2007년에 장애인 예술교육 현장을 접하며 1년가량 사실상 '관찰'을 주로 하였다. 교육 활동에 필요한 재료를 준비하거나 사진 촬영을 하는 보조자 역할을 하며 말없이 현장을 지켜볼 수 있었다. 예술교육가가 바쁘게 무언가를 진행할 때 교실 한쪽에서 다른 흥미를 찾는 참여자의 눈동자를 보기도 했고 어떤 재료를 새로운 방식으로 탐색하는 참여자의 몸짓을 보기도 했다. 혹은 참여자가 각자의 방식으로 활동을 외면하는 순간들도 보았다. 단지 어떤 활동이 교육에 적절한지, 참여자에게 재미를 선사하는지, 독특한 표현 도구는 무엇인지를 보는 것이 아니었다. 결국 '사람'을 관찰할 수 있었던 것이다. 예측을 벗어난 반응을 하는 사람, 자신의 속도로 참여하는 사람, 미세한 움직임이나 목소리로 현재의 심경을 표현하는 사람 등이 보였다.

　　그것은 사람마다 너무나 다양해서 나에게는

사람에 대한 낯섦으로까지 인식되었다. '저 표현을 저렇게 한다고?', '저 도구를 저렇게 쓴다고?', '저 말을 저렇게 받아들인다고?' 나는 종잡을 수 없는 개별성을 마주하며 그 스펙트럼이 매우 넓다는 것을 재차 확인했다.

　　　예를 들면, 박스 테이프를 이용해서 시각적 표현을 하는 활동이 있던 날, 누군가는 테이프를 일정한 간격으로 잘라서 종이에 반복적으로 붙였고 누군가는 둥그런 테이프 몸체를 바닥에 굴렸고 누군가는 테이프의 끈적거리는 접착면을 손가락 끝으로 탐색하였고 누군가는 테이프를 길게 뜯어 의자 손잡이를 돌돌 감았고 누군가는 테이프 쓰는 법을 자세하게 알려달라고 재촉했다. 교육 현장에서의 어려움은 참여자의 개별성 자체가 아니라 그 넓은 스펙트럼이 한 시간, 한 공간에 존재하는 상황에서 개별성 간 엄청난 차이를 고려하며 무언가를 해야 한다는 것이었다. 개별성을 발견할수록 장애 자체에 대한 질문을 넘어 그것을 충분히 들여다보기 어려운 교육 환경에 대한 문제의식이 커지기도 했다.

　　　그리고 장애 유형만으로는 그 개별성을 세세

하게 예측할 수 없다는 것도 확인할 수 있었다. 특수학교에서 예술교육을 하는 과정에서는 같은 학년이라도 각 반의 구성원이나 분위기에 따라 그 개별성이 천차만별로 관찰되었다. 한 반에서 어떤 활동이 원활하게 진행되었다고 해서 옆 반에서도 그 활동이 비슷한 양상으로 이루어지는 것은 아니었다. 결국 새롭게 만나는 '사람'을 그저 궁금해하며 이것저것을 제안해 보는 시도를 이어갔다. 당장 무언가를 하기보다는 일단 그 사람이 어떤 것에 관심을 가지거나 반응하는지 가만히 지켜보는 시간도 필요했다. 나의 경험이 쌓인다고 해서 새롭게 만나는 사람을 금방 파악하게 되는 능력이 느는 것도 아니었다. 그저 사람을 급하게 파악하거나 이해하려고 하는 것으로부터 거리를 두는 노력이 중요했다.

사람마다의 개별성은 사람 간의 관심과 존중을 바탕으로 조금씩 천천히 발견되는 것이었다. 내가 누군가를 알아가는 시간 속에서 상대방도 나를 알아가고자 노력한다는 것도 알 수 있었다. 그 과정에서 서로에게 사전에 주어지는 정보는 크게 중요하지 않기도 했다. 한 명이 하고 있는 행위를 같이 해보는 것, 그

같이 좀 모르자

때 상대방의 반응을 있는 그대로 보는 것, 그 시간이 다소 길어도 기다리는 것, 그리고 또 다른 것을 제안해 보는 것. 사람과 사람은 그렇게 서로의 개별성을 향해 말을 걸며 다음에 같이 해볼 만한 것을 찾아 나갔다. 다음 시간에 계획된 활동의 안정적인 운영 방법을 찾는 대신.

궁금하니까 물어보기로 했다

장애인의 문화예술 활동 관련 강의와 멘토링을 이어 가던 어느 날, 한 지역에서 장애 청소년을 자녀로 둔 부모님들과 대화를 한 적이 있다. 두 번의 만남이 있었는데 나는 첫날, 부모님들께 숙제를 드렸다.

"자녀가 어떤 사람인지 최대한 자세히 인터뷰를 해오세요. 혹시 자녀가 답변하기 어려운 경우, 부모님이 그 사람에 대해 궁금한 마음을 갖고 긴 답변을 상상해서 적어오세요."

일주일 후, 부모님들을 다시 만났는데 나는 언제나 그랬듯이 인터뷰의 결과 이전에 숙제를 하는 과정에서 부모님들이 어떤 생각을 하셨는지 여쭤봤다. 몇몇 답변 중 공통된 내용이 있었는데 "주로 자녀에게 무엇이 필요한지만 궁금해했는데 어떤 사람인지는 별로 궁금해하지 않았다"는 것이었다. 아마도 그럴 수밖에 없었던 여러 현실적 이유들이 있었을 것이다. 부모님들은 자녀의 어린 시절부터 병원, 학교, 복지관 그리고 여러 시설이나 센터를 오가며 자녀의 발달 속도나

같이 좀 모르자

필요한 지원에 집중하셨을 것이다. 그것을 면밀하게 살피며 돌봄과 지원을 해내는 역할은 너무나 중요하다. 그렇기에 다른 질문이 적극적으로 시도될 기회 혹은 여유는 마련되기 어려웠을지 모른다.

　　　　나는 그날의 대화가 오래도록 기억에 남았다. "너는 어떤 사람이니?"라고 물어볼 수 있는 관계나 상황은 어떻게 시작될 수 있을까. 이때 내가 장애인 예술교육 사업이나 프로젝트를 기획하는 과정을 떠올려보았다. 그 과정에 '사람에 대한 궁금함'을 중요한 기획 맥락으로 전제하면 어떤 흐름이 생길까 질문도 들었다. 그것은 사실 어렵거나 대단한 일도 아니라는 생각이 들었다.

　　　　그리고 몇 년 전 장애 아동이 참여하는 예술교육 프로젝트를 한 공공기관과 기획하게 되었을 때 작은 시도를 해봤다. 이 사업에 아동이 참여하기 위해서는 보호자의 온라인 신청이 필요했는데 다음과 같은 신청 문항도 포함하여 참여자 모집을 했다.

"아동을 소개해주세요. 장애 유형을 꼭 적을 필요는 없습니다. 아이에 대해 자유롭게 소개해주세요"

관찰이 질문을 만들었다

문항에 대한 답변은 다양했다. 특히 아동에 대한 세세하고 따뜻한 관심이 담겨있었다.

동물들과 혹부리영감님 얼굴 그리는 것을 즐기는 아이, 열매 줍기와 공벌레 노래 듣고 부르기를 좋아하는 아이, 보석 디자이너와 건축가가 되고 싶은 아이, 이것저것 궁금해서 물어보기를 좋아하는 아이, 동생들을 예뻐하며 밝게 웃는 모습으로 주위 사람들을 기쁘게 하는 아이, 하고 싶은 게 많지만 신체가 따라주지 않아 짜증 부리는 일이 잦은 아이, 하루의 절반을 미술 놀이로 보내는 아이, 낮보다 저녁에 흥이 오르는 아이, 호불호가 강해서 하고 싶은 것에만 오케이 해주는 아이, 텃밭 농사에 관심이 많고 요리하는 걸 좋아하는 아이 등 다양한 아동들이 있었다.

장애인 예술교육에 있어서 장애 유형에 따른 기획이 교육 운영에 효율적으로 작동하는 순간도 많다. 그러나 사람을 구성하는 요소가 장애 유형 중심의 특성만은 아니라는 점, 한 사람 한 사람의 개별성을 들여다보는 관심이 필요하다는 점을 고려한다면 장애인 예술교육의 방향성이 더욱 폭넓게 모색될 수 있을 것이다.

여러 각도에서 개별성 발견하기

개별성에 대한 강조가 자칫 개별성이 파악되기 전에는 너무 구체적인 활동을 해서는 안 되는 것처럼 해석될 수도 있다. 하지만 그런 의미는 아니다. 개별성은 그렇게 일정 기간 동안 관찰한다고 해서 파악되는 것도 아니다. 계속 개별성을 궁금해하는 과정이 오히려 중요하다. 그런 측면에서 참여자와 함께 하는 구체적인 활동을 해내는 것이 주요 목적이 되기보다는 그것을 통해 개별성을 발견하거나 예측해 보는 것을 염두에 두어야 한다.

　　예를 들어서 참여자가 음악을 들으며 춤을 추는 활동을 할 경우를 생각해 보자. 그 사람이 춤을 완성도 있게 추게 되는 상태를 향해 활동을 진행하는 것 외에도 그 사람이 음악이나 타인의 동작에 어떻게 반응하는지를 살피는 관심이 중요하다. 한 사람의 여러 표현 방식을 궁금해하는 것이다. 비트에 따라 몸을 움직이는 것인지, 음의 높낮이에 특히 반응하는 것인지, 공간이나 상황적 분위기에 취해서 춤을 추는 것인지, 그 춤이 일반적인 춤의 형태인지, 그래서 어디선가 본 것을 따라하는 것에 관심이 있는 것인지, 혹은 다른 관심사나 본능적 움직임을 바탕으로 춤을 추는 것인지 등.

이때 춤추기와 같은 구체적인 활동이 다양하게 이루어질수록 예술교육가도 예측하기 어려웠던 참여자의 개별성을 다양한 측면에서 발견할 수 있다. 어느 날은 산책을 하고 어느 날은 수다를 떨고 어느 날은 악기를 연주하는 등 여러 경험을 함께 하면서 그때마다 발현되는 개별성의 요소들을 관찰하는 것이다. 그리고 그 요소들 사이에서 공통적으로 포착되는 것을 개별성의 일부분으로 전제해 보고 그것이 틀릴 수도 있다는 가정 아래 다른 요소를 또 찾아보는 것이다. 그러기 위해서는 끊임없이 참여자를 궁금해해야 한다. 작은 움직임, 말투, 표현 행위까지 들여다보고 함께 하며 그 감각이나 의도, 입장을 상상해 봐야 한다. 조금씩 발견되는 개별성의 요소를 근거로 다음의 만남이나 활동을 다시 구체적으로 그려볼 수도 있다. 무엇을 함께 해볼지 매 순간 발견되는 요소에 집중해 보는 것이다.

이것은 이번에 무엇을 하고 다음에 무엇을 할지 아이디어적으로 활동을 설계하는 것과는 다르다.

같이 좀 모르자

시간별 프로그램의 내용을 결정한 후 그것을 참여자가 무리 없이 따라오는지만 확인하는 것과도 다르다. 참여자와 무언가를 해보는 이유가 다른 것이다. 같이 해보자고 제안하며 그 과정에서 지속적으로 참여자에 대해 알아가고자 노력하는 것이기 때문이다. 그러한 태도는 참여자에게 분명하게 '존중'으로 감각된다고 생각한다. 자신의 모습이나 상태를 있는 그대로 바라보며 궁금해하는 누군가의 태도는 사람과 사람 사이에서 비언어적인 소통으로 전달되기 때문이다. 친절한 말투, 상냥한 안내와는 다른 내밀한 관심과 태도가 중요한 것이다.

예술이라는 자리에서 할 수 있는 질문들

내가 교육 현장에서 참여자 관찰에 집중할 수 있었던 이유, 개별성에 대한 여러 질문을 가져볼 수 있었던 이유는, 그곳이 예술이 바탕이 되는 현장이었기 때문이다. 이것은 교육의 주제가 예술이라는 관점과는 차이가 있다. 이 두 가지를 상황적으로 비교해서 설명하자면 이렇다.

첫 번째는 교육의 주제가 예술일 때다. 여기에서의 예술은 마치 특정 장르, 교과 과목 혹은 콘텐츠처럼 완결성이 있는 개념이나 행위라고 볼 수 있다. 그러니까 기존에 있던 개념의 예술을 가지고 와서 교육화하는 것이다. 이때에는 주로 '기존의 예술 개념이나 표현 방식을 장애인에게 어떻게 전달할 것인지' 그 방법에 대한 질문을 하게 된다.

두 번째는 예술이 다양한 시도, 실험, 질문, 관계가 발생할 수 있는 가능성의 영역일 때다. 예술은 딱 떨어지는 장르, 콘텐츠나 방법론으로 존재하지 않는다. 참여자가 자신의 개별성을 표현하거나 발견하는 자리로 예술이 존재한다. 더욱 쉽게 표현하자면 '예술 영역이니까 이것도 해보자, 이런 것도 할 수 있다'는 인식이 가능한 것이다. 이때에는 주로 '낯선 표현 방식도 담아내기 위해 예술은 어떻게 영역을 확장하거나 재의미화되어야 하는 것인지' 예술 자체에 대한 질문을 하게 된다.

나는 두 번째의 맥락 속에서 예술교육을 해오고 있다. '우리가 하는 건 예술 영역 안에 있으니까'라는 생각으로 너무 일상적이거나 매우 낯선 누군가의 표현 행위, 혹은 개별성을 살피고 있다. 그 중심에는 나에게 익숙한, 내가 그동안 학습한, 비장애인 중심의 예술 개념이 존재하지 않는다. 확고한 예술 개념을 어떻게 전달할지 방법을 찾는 것이 아니라 나도 모르는 누군가의 표현 방식을 들여다보고 그것의 다양성을 해석하기 위해 더 넓은 의미의 예술을 활용하였다. 그리고 이러한 나의 예술관은 관찰, 기획, 교육, 연구 등 예술교육과 관련된 여러 활동에 큰 바탕이 되고 있다. 나는 무언가를 확정하지 않고 새로운 발견과 해석의 가능성을 향하는 예술, 그것의 의미에 집중한다. 그것을 활동의 영역이자 배경으로 삼고 그 위에서 여러 질문을 한다. 그 질문은 복잡하거나 특별한 것이 아니다.

저 사람은 어떤 사람인지, 저 사람은 무엇을 하고 싶어 하는지, 저 사람은 현재 어떤 상태인지 질문하는 것이다. 예술은 인간에 대해 끊임없이 궁금해할 수 있는 넓은 지대로서 가치가 있기 때문이다.

함정이
되기도 하는 예술

익숙하지 않은 예술도 있다

장애인 예술교육에 대한 강의나 대화 자리에서 수년
간 사람들과 이야기를 나누다 보니 문득 '예술'이라는
말이 가장 큰 함정처럼 느껴졌다. 처음에는 장애나 장
애인에 대한 폭넓은 논의가 이어져 나도 그것에 집중
하게 되었는데 점차 사람들의 대화 속에서 예술은 당
연하게 어떤 개념이나 범위로 확정되어 있음을 발견
하였다. 이러한 대화가 예술에 대한 논의를 생략한 채
지속되면 우리가 흔히 알고 있는 장르 중심의 행위(그
림 그리기, 글쓰기, 연극하기, 악기 연주하기, 춤추기
등)나 장르 자체(미술, 문학, 연극, 음악, 무용, 영화
등)가 예술의 전부로 전제된 채 바로 그 예술을 어떻
게 장애인에게 교육할지 방법론에만 집중하게 되었
다. 하지만 실제로 예술가들의 활동은 다양한 형식,
개념, 양상으로 뻗어나가고 있고 문화예술 분야의 많
은 사람들도 몇 가지의 방식으로만 예술을 의미화할
수 없다는 것에 공감하고 있다. 이러한 상황에서 예술
에 대한 질문 없이 예술교육을 상상하는 것은 되짚어
볼 필요가 있다.

그런데 예술에 대한 질문을 더욱 적극적으로 나눠보자고 하면 우리는 어려워진다. 예술가에게도 그것은 너무나 크고 긴 질문 덩어리다. 그렇다고 그것은 외면할 수 있는 것도 아니다. 우리는 계속해서 모호하고 변화하고 개별화된 해석의 영역 속에서 예술을 마주해야 한다. 주로 비장애인 중심의 관점, 비장애인 신체를 전제한 작품이나 활동이 예술로 해석되고 예술사를 채워왔음을 상기해 볼 때 장애인 예술교육에서의 예술은 더욱 해체되고 불확정적인 영역으로 나아가야 한다. 특히 비장애인에게 맞춰져 왔던 개념이나 방식을 '장애인에게도 이제 필요하다'는 의도가 예술교육에서도 우선적으로 선택되는 것은 아닌지 돌아봐야 한다. 오히려 예술이 갖는 다양한 해석의 가능성을 장애인 예술교육에서 적극 활용하는 것이 중요한 것이다.

도화지에서 시작하는 미술은 얼핏 다수에게 익숙해 보인다. 노래로 시작하는 음악, 글쓰기로 시작하는 문학, 대본으로 시작하는 연극처럼. 하지만 나에게 익숙한 것도 해체하고 질문하는 것이 예술일 수 있다. 그리고 예술 영역에서만 미련한 질문하기를 공식적으로 지속할 수 있다. 그래서 예술가는 예술교육 활동 안에서 자신이 공부하거나 반복하고 있는 방법론을 버려야 하는 경우도 많다. 왜냐하면 특히나 자신과는 '다른 사람'을 만나기 때문이다. 자신은 드로잉북에 스케치를 하는 것으로부터 '미술'이라는 것을 배웠지만 드로잉북의 펄럭거림에 더 관심이 있는 사람, 드로잉북을 찢는 행위에 더 흥미를 갖는 사람, 드로잉북을 스스로 넘기기 어려운 사람, 드로잉이든 스케치든 그것의 개념을 이해하기 어려운 사람 등이 '미술'이라는 이름의 예술교육 현장에 존재하기 때문이다. 또한 그 사람에게는 활동에 참여하고 싶은 욕구, 참여할 수 있는 권리가 있기 때문이다.

그래서 예술교육가의 의도나 계획이 너무 확정적, 고정적이면 예술교육 현장이 그것대로 흘러가지 않는다. 각자의 욕구, 관심사, 조건, 경험 등이 매우 다른 사람들이 예술가가 제시하는 작은 요소들을 만난다. 그리고 각자의 입장에서 반응을 한다. 이것은 재미가 없다, 이것은 다르게 표현해 보고 싶다, 이것은 안 하고 평소에 하던 것을 하고 싶다, 그리고 이것은 모르겠다 등의 자기표현이 현장에 등장한다. 그래서 하나

같이 좀 모르자

의 방법론, 계획, 이야기, 의도 등이 참여자의 개별성을 만나 엇나가며 끊임없이 질문을 남긴다. 그렇다면 무엇을 제안해볼까. 어떤 방식이나 언어로 제안을 해야 할까. 제안이 아니라 다른 것을 해야 할까. 다른 사람들은 다 참여하는데 왜 저 사람은 안 할까. 재미를 제공해야 하는 것일까. 재미가 없는 것도 해보는 기회가 필요하지 않을까. 예술은 매번 재미있고 밝고 쉽지만은 않으니까.

장애인 예술교육이 누군가에게는 어려운 '분야'로 인식되는 이유는 종종 위와 같은 끊임없는 질문의 발생 때문이다. 예술교육가에게 익숙했던 것을 버리거나 바꿔야 하는 범위가 매우 넓기 때문이다. 비장애인 중심의 미학 언어로 구축된 예술을 학습해 온 예술교육가에게 드로잉북을 스케치의 도구가 아닌 하나의 사물로 재탐색하는 과정, 음악을 미세한 진동으로부터 시작하는 실험, 대본을 읽을 수 없는 사람과 연극을 하는 과정 등은 낯선 경험이 된다. 혹은 미술, 음악, 연극 같은 장르도 다 버리고 예술을 다시 생각해야 하는 경우도 많다.

하지만 이러한 경험은 사실 가장 예술적인 순

간을 만들지 않는가. 자신에게도 예측이 되는 무언가를 반복하며 누군가에게도 제공, 전달하는 것은 예술적인 과정을 충분히 포함하지 못한다. 그저 두루뭉술하게 구획된 예술이라는 '과목'을 참여자에게 교육하는 의도가 더 커질 뿐이다. 참여자를 대하는 방식, 참여자와 만나는 이유, 참여자와 함께 시간을 보내는 태도 등이 기존의 '교육적' 의도, 방식과 유사한데 그 안에 장르 중심의 예술을 내용으로만 담게 되기 때문이다.

그런 지점에서 예술과 교육이 만나는 예술교육이라는 영역은 참으로 애매하고 오묘하다. 하지만 불명확할 수 있는 영역에서 오히려 예술은 자신의 다양한 모습을 뽐낼 수 있다. 정해진 모습을 조각처럼 맞춰 보여준 후 그것의 다양성만을 예술의 특성으로 설명할 수 있는 것은 아니기 때문이다. 아예 없던 조각도 제시하는 것, 조각이 아니라 다른 성질의 무엇이 필요한 게 아니냐고 질문하는 움직임 자체가 예술을 더 오롯이 보여주기도 한다. 그런 측면에서 장애인 예술교육은 그동안 익숙했던 예술과 예술교육에 대해 예술교육가가 스스로 끊임없이 질문할 수 있게 해준다.

같이 좀 모르자

그것은 매우 감사한 경험이다. 참여자와의 만남도 흥미롭고 다채로운 협업이 될 수 있기 때문이다. 그렇기에 장애인을 대상으로 어떤 교육을 어떻게 실행할지에 대한 질문보다 더욱 본질적인 질문이 반드시 필요하다.

일본에 가봤다

나는 2008년에 일본의 장애인 문화예술 공간 관련 연수에 참여한 적이 있다. 일본 사례에 특별한 관심이 있었다기보다는 당시 장애인 예술교육 관련 여러 현장을 보고싶다는 욕구가 있었다. 사실 그 현장에서 무엇을 보고 싶었는지도 확실하지 않았으나 내가 알고 있는 것 이외의 사례나 실천에 대한 궁금함이 있었다. 그래서 한 공공기관에서 관련 연수를 한다는 소식을 듣고 바로 참여 신청을 했다.

그 후 나는 일본을 몇 차례 방문하여 여러 사례를 조사하거나 관계자 인터뷰를 하는 등 연구를 이어가고 있다. 우연히 알게 된 다른 나라의 사례에서 익숙했던 예술이나 예술교육 대신 '예술보다 중요한 무언가'를 만났기 때문이다. 그것은 역시 사람을 향하는 태도로 설명할 수 있는데 그렇기에 국내의 여러 예술교육 현장에서도 참조할 수 있는 가능성이 크다고 생각했다. 일본 사례를 통해 우리는 관련 시설을 짓거나 제도를 개선하는 차원보다 더욱 작고 일상적인 단위에서 개인의 실천을 모색해 볼 수 있기 때문이다.

같이 좀 모르자

그리고 가장 흥미로웠던 것은 내가 만났던 일본의 단체 관계자들 대부분 '예술은 중요하지 않다', '우리 활동이 예술이라고 생각하지 않는다', '우리는 예술을 위해 활동하는 것이 아니다'라고 이야기한다는 점이었다. 오히려 일본은 장애인이 지역사회 안에서 어떻게 함께 살아갈 수 있을지 모색하는 과정에서 예술적 표현 및 소통 방식의 가능성을 실험하고 있었고 그것은 내 눈에 충분히 예술교육으로도 보였다. 여기에서는 내가 조사했던 몇 가지 사례를 소개하고자 한다.

먼저 2008년 방문했던 요코하마시의 공간 〈아트 랩 오바(Art Lab Ova)〉에 대해 이야기하고 싶다. 이곳은 1996년부터 활동을 시작한 비영리그룹으로 '13평의 아트센터'라고 불리며 장애인, 홈리스, 노인 등 다양한 사람들과 활동을 이어가고 있는 곳이다. 현재 인터넷으로 검색해도 큰 행사에 대한 소식보다는 소소하고 일상적인 활동을 볼 수 있다.

"여기가 누구나 창작 활동을 할 수 있는
아틀리에입니다."

같이 좀 모르자

그곳에 갔을 때 13평짜리 작은 공간의 한쪽에 놓인 책상을 가리키며 일본인 스태프가 자신 있게 이야기했다. 학교 교실에서 쉽게 볼 수 있는 그 작은 책상이 아틀리에라니. 처음에는 의아했지만 사실 15년이 지난 지금까지도 그 책상의 의미를 설명하던 스태프와 그 공간의 느낌이 가장 오래 기억에 남는다. 한편으로는 장애인 자녀를 동네 사설 예술교육 기관에 보내고 싶었지만 교육을 거부하는 기관이 많았다는 국내 여러 부모님들의 이야기도 떠올랐다. 작은 책상 혹은 공간을 다양한 동네 사람들의 창작 장소로 공식화하고 공유하는 것이 이렇게 특별하게 와닿을 일인가 생각도 들었다. 그러한 움직임이 지역 사회에서 일상적인 문화로 자리잡는다면 차별화된 예술교육이 따로 마련될 필요성이 있을까 하는 생각도 들었다.

그 이후 일본 오쓰시에 위치한 〈야마나미 공방(Atelier Yamanami)〉에 대해서도 알게 되었는데 관련 자료를 찾다가 〈아트 랩 오바〉와 비슷한 방향성을 확인할 수 있었다. 〈야마나미 공방〉은 1986년에 공동 작업소로 시작되었고 2008년도에 사회복지법인 산맥위원회가 운영하는 공간으로 변화하였다. 즉, 이

곳은 예술 관련 단체가 아니라 장애인 복지시설이며
(2018년 기준) 79명의 장애인(이용자)과 22명의 스태
프가 있다. 그래서 장애인이 주요 이용자이며 이들은
일상적인 활동 외에 자신을 표현할 수 있는 창작 활동
에 적극 참여하고 있다.

　　　　이곳에 오는 장애인은 아틀리에에서 매일 창
작에 임하는 것이 아니라, 산책을 하거나 드라이브 또
는 운동, 노래 등 다양한 경험을 하는 가운데 각자의 속
도와 의욕에 맞게 생활하고 있다. 공방의 운영자는 장
애인이 만들거나 전하고 싶어 하는 마음을 끌어내어
안심하고 지낼 수 있는 흐름과 공간을 개개인에 맞게
만들어내려고 한다. 그리고 '무엇이 하고 싶은지, 어떻
게 시간을 보내고 싶은지' 같은 개개인의 생각과 서로
의 관계를 소중히 하고 있다.

　　　　운영자는 특히 공방을 이용하는 사람들 간의
강한 신뢰를 바탕으로 '서로 외로워하지 않고 안심할
수 있는 시간과 장소'를 만드는 것을 강조한다. 그런
데 그 장소의 가치를 채우는 것은 시설이나 규모나 독
특함이 아니라 그 장소를 만들고 지속하려는 사람들
의 태도일 것이다. 그렇기에 그가 말하는 '장소'는 내

같이 좀 모르자

가 〈아트 랩 오바〉에서 마주했던 작은 책상과 연결되었다. 장소는 어쩌면 공간이 아닐지도 모른다. 그것은 작거나 혹은 클 수도 있는 '자리'가 아닐까. 많은 사람들의 자리가 마련되어 있는 것처럼 보이는 사회 안에서 사실은 모두의 자리가 고려되고 있지는 않다는 것을 발견할 때, 우리는 그 자리의 필요성과 의미를 다시 떠올려볼 수 있다. 자신의 존재 자체로 편안할 수 있는 자리, 혹은 장소. 〈아트 랩 오바〉에서 보았던 자리와 〈야마나미 공방〉을 통해 떠올린 자리는 그래서 닮아있었다.

그리고 일본 오사카시에 있는 〈코코룸(Coco-room)〉에서 나는 다시 방법이나 프로그램이 아닌 장소에 대한 이야기를 들었다. 〈코코룸〉은 가마가사키라는 오사카의 빈민지역에서 홈리스, 일용직 노동자 등(그 안에는 장애인도 있다)과 시를 매개로 문화예술 활동을 이어가는 단체다. 현재 게스트하우스, 카페를 함께 운영하고 있다.

같이 좀 모르자

나는 2016년, 2018년, 그리고 2024년에 〈코코룸〉을 재차 방문했다. 그 단체가 독특한 활동 사례를 가지고 있어서가 아니었다. 그 장소를 만드는 사람들의 태도와 에너지를 느끼고 싶었기 때문이다. 어떤 때에는 가족 여행 중에 애써 시간을 내어 그곳을 가본 적도 있다. 2016년과 2018년에는 대표와 운영진을 인터뷰하기도 했다.

2002년 오사카시는 '신세카이 아트파크 사업'을 시행하며, 지상 8층, 점포 면적 57,000㎡의 빌딩 내부의 빈 점포를 활용한 예술 프로젝트를 진행하였다. 이때 프로젝트에 참여했던 세 개의 비영리민간단체 중 하나가 지금의 〈코코룸〉이다. 그러나 2008년 건물의 매각과 동시에 사업도 중단되었다. 이후 〈코코룸〉은 근처의 상점가에 공간을 마련하고 지금까지 활동을 이어오고 있다. 〈코코룸〉이 위치한 지역은 치안이 좋지 않아 일본인이나 관광객이 드나들기를 꺼려하는 곳으로 여겨지기도 한다.

나는 〈코코룸〉에 갈 때마다 카페나 마당에 앉아 어떤 사람들이 이곳에 일상적으로 오는지 살펴보았다. 2018년에도, 2024년에도 내가 본 것은 지역주

같이 좀 모르자

민이나 일용직 노동자로 보이는 분들이 자연스럽게 그곳에 들어와 스태프에게 말을 거는 모습이었다. 그들은 딱히 어떤 프로그램에 참여하려고 온 것이 아니었고 동네의 익숙한 공간에 잠깐 들어왔다가 가는 것처럼 보였다. 많은 사람들을 있는 그대로 마주하는 〈코코룸〉 운영진의 움직임이 작용하지 않았을까. 이곳에서 예술교육 관련 어떤 활동을 본 것은 아니지만 그 안에서 반드시 필요한, 인간을 대하는 태도를 느낄 수 있었다.

　〈코코룸〉의 운영진은 '예술'은 너무 추상적이라서 '표현'이라는 말을 더 자주 쓴다고 했다. 그 지역의 사람들은 예술보다 하루의 끼니를 걱정하며 살아야 하는 사람들이기 때문이다. 그래서 〈코코룸〉은 이들이 무언가를 표현하는 것을 예술 자체보다 중요하게 생각한다. 물론 전문가를 초빙하여 예술적 기술을 가르칠 수도 있다. 그러나 개인의 힘과 특징을 잃지 않는 것, 기술과 그 특징이 균형을 이루는 것이 중요하다고 여긴다.

　이렇듯 〈코코룸〉은 교육적 효과보다는 지역 사람들과 쌓아온 관계 안에서 발견되는 지점을 바탕으로 활동을 실행해 가고 있다. 특히 대표인 카나요 우에다는 인터뷰에서 예술보다도 '표현'을 강조하면서 '장소'의 필요성을 언급하였다.

"이전에는 사람들이 표현하는 것이 중요하다고 생각했었다. 그러나 이제는 표현하는 장소를 만드는 것이 중요하다고 생각한다. 누군가, 스스로 여기에 있어도 된다고 느낄 때 표현할 수 있기 때문이다. 자신이 거부당하는 곳에서는 누구든 자유롭게 표현할 수 없다. 그래서 그 사람이 안심하고 편안하게 있을 수 있는 장소를 만드는 것이 중요하다고 여긴다. 그런 측면에서 예술이 대단한 것이 아니라 사람의 힘이 중요한 것이다."

그 말에 공감하면서도 사람의 힘이라는 건 쉽게 보이거나 드러나는 것이 아니니 그것의 가치나 의미를 확인하기는 얼마나 힘들까 하는 생각도 들었다.

이미 보이는 것을 잘 보는 것도 쉽지 않지만 보이지 않는 것을 보는 것은 더욱 어렵다. 그것을 나의 관심과 질문들을 통해 보는 것은 더욱 어렵다. 더 나아가 무언가를 잘 바라보고 나의 기억으로 남겨두었다가 우리의 삶으로 이어가는 것은 더더욱 어렵다. 나

같이 좀 모르자

도 그 어려움을 잠시 잊기 위해, 다양한 힘을 얻기 위해 다른 나라의 사례를 찾고 현장을 방문하는 것 같다. 그런데 희한한 것은 내가 원하거나 기대했던 답을 말하지 않는 사람들을 만날 때 더 마음이 편안해지고 심지어 개운함까지 느껴진다는 것이다. 〈코코룸〉의 카나요 우에다도 그랬다. 그녀는 "여기는 카페인척 하는 것이다"라고 했다. 카페 공간을 매개로 한 사람들과의 문화예술 활동 사례를 물으려던 나는 나도 모르게 "아, 그렇구나!" 라고 외칠 뻔 했다. 카페로 보이지만 카페가 중요한 것이 아니라 단지 카페로라도 보일 필요만 있을 뿐이다. 더욱 중요한 것은 카페든 뭐든 그것으로라도 보이게 하여 지켜내려는 장소와 태도인 것이다. 그것은 설명으로 전달하기도 힘들고 애써 보여주려 한다고 보이는 것도 아니다. 단지 관심을 가지고 있는 사람들에게 경험되고 기억되어 다른 삶으로 퍼져나갈 뿐이다.

* 〈아트 랩 오바〉 페이스북 : https://www.facebook.com/artlabova
* 〈야마나미 공방〉 홈페이지 : http://a-yamanami.jp
* 〈코코룸〉 홈페이지 : http://cocoroom.org

표현으로 들어가는 상태

일본 사례를 통해 다시금 생각하게 된 것은 예술 이전에 '표현'이라는 개념이었다. 표현의 사전적 의미는 '생각이나 느낌 따위를 언어나 몸짓 따위의 형상으로 드러내어 나타낸다'는 것이다. 이러한 표현의 과정이나 결과가 이따금 예술로도 인정받거나 인식되는 것이기에 표현은 예술로 의미화되기 전 행위나 형상이라고 볼 수 있다. 이때 예술교육에서 아직 이름이나 의미를 획득하지 않은 표현 자체에 집중한다면 장애인을 포함한 인간의 더욱 미세하고 다양한 행위들을 적극적으로 들여다볼 수 있을 것이다. 이러한 맥락에서 2018년에 장애인의 표현에 대한 자체적인 연구를 진행한 적이 있다. 주변에 장애인 예술교육을 하고 있는 예술가, 예술교육가, 기획자, 활동가와 함께 1년 동안 연구를 진행했는데 그때 표현에 대한 나름의 해석과 관점을 글로 정리한 적이 있다.

① 표현에 대한 세 가지 영역

A는 예술교육에 참여하기 위해 교실에 도착했다. 그는 이 수업에 참여한지 이제 막 한 달이 되었다. 그는 말을 거의 하지 않는다. 누군가의 질문에 그저 웃거나 "어"라고 답하고 가만히 앉아 있곤 한다. 그에게 예술교육가는 오늘도 종이를 고르도록 권한다. 진열함에 있는 드로잉 도구도 골라서 가져오라고 한다. 그는 오늘도 자신에게 가장 가까이 놓인 종이를 고른 후 진열장 맨 앞에 있는 색연필 한 세트를 들고 천천히 자리로 돌아온다. 수업에 참여하는 다른 사람들이 어수선하게 움직이고 목소리를 높이지만 그는 자리에 그대로 앉아 있다. 예술교육가는 함께 그림을 그려보자고 그의 손을 색연필 세트 위에 올려놓는다. 그는 색연필 대신 예술교육가의 얼굴을 슬쩍 본 후 천장을 본다. 그런 시간이 한 달이었다.

예술교육가는 먼저 색연필 하나를 골라 종이 위에 그의 눈을 그린다. 그리고 머리카락은 주황색으로 색칠해 본다. A는 느린 동작으로 검정 색연필을 골라 그 주황색 머리카락을 검게 칠하기 시작한다. 검정

색은 주황색을 완전히 덮을 만큼 진하게 칠해지지는 않는다. 그는 좀 더 힘을 주어 검정색을 칠한다. 주황색 머리카락이 희끗희끗하게 보이는 검정색 머리의 A 얼굴이 종이 위에 그려져 있다. A는 단숨에 코와 입을 그리고 색연필을 내려놓은 후 양손을 무릎 위에 놓는다. 2시간의 활동 중 40분이 흘렀다.

A가 자기표현을 시도한 순간은 언제일까.

검정색 색연필로 주황색 머리카락을 덮던
그 순간만일까.

A의 입장에서 생각해본다면 어떨까.

A의 자기표현을 바라보고 판단하는 기준은
주로 누구의 관점일까.

그 '누구'는 비장애인, 자기표현에 능숙한 사람,
일반적인 예술교육을 받은 사람, 혹은 A의 변화나
발전을 기대하는 사람인 경우가 많지 않을까.

같이 좀 모르자

그렇다면 A의 입장에서 창작과 관련한

자기표현 영역을 좀 더 세분화하여 살펴보면 어떨까.

그 영역을 크게 다음과 같이 세 가지로 나누어 보자.

> **(1) 표현으로 들어가는 상태**
>
> **누군가가 겉으로 드러나는
> 행위를 하기까지
> 내면적, 정서적으로
> 동기, 관심, 의미, 안정감
> 등을 찾고 있는 순간**

> **(2) 표현되고 있는 상태**
>
> **누군가가 결과물을
> 만들어내기 위해
> 겉으로 드러나게
> 무언가를 하는 행위
> 또는 과정**

> **(3) 표현된 상태**
>
> **누군가에 의해
> 겉으로 드러난
> 결과 또는 결과물**

함정이 되기도 하는 예술

장애인의 표현에 있어서 (1), (2), (3)은 비슷한 중요도를 가지고 고려될까.

다양한 개별 감각을 전제할 때, (1), (2), (3) 중 무엇이 더 중요하다고 판단될 수 있을까.

예술교육의 목적이 결과물 완성이나 그것의 기술 습득만이 아니라면, 장애인의 표현은 (1), (2), (3)의 영역을 골고루 살펴야 하지 않을까.

하지만 보통은 표현이 이루어지고 있는 상태로 (3)의 영역이 논의된다. 평소에 결과물을 만들어내지 않는 사람이 무언가라도 해내면 주변 사람들이 '우와, 드디어 했구나!'라고 생각하게 되는 것처럼 말이다. 물론 (2)의 영역도 많이 고려된다. 또한 (2)와 (3)은 겹쳐 있기도 하다. 하지만 (1)의 영역은 표현이 잘 되지 않고 있는 상태, 혹은 활동에 활발하게 참여하고 있지 못한 상태와 동일시된다. 왜냐하면 (1)의 영역이 현재 어떤 상태인지는 쉽게 알 수 없기 때문이다. 그래서 (1)의 영역이 얼마나 다양한 상황이나 정서, 개별 감정의 영향을 받는지 들여다보는 태도도 필요하다. 그런 측

같이 좀 모르자

면에서, 이번 글에서는 장애인의 창작 관련 표현에 있어서 (1)의 영역을 고려해야 하는 이유, (1)의 영역을 살피는 방법, 그리고 (1)의 영역을 존중하고 응원하는 방법에 대해 이야기하고자 한다.

② (1)의 영역을 고려해야 하는 이유

예술에서는 행위 주체의 예술적 성취 이전에 자발적 참여가 적극 고려되어야 한다. 그러나 장애인은 장애 특성 외에도 주변적 상황으로 인해 자발적인 참여나 표현을 해내기 어려운 경우가 많다. 또한 장애인이 사회적으로 격리되거나 보호받아 왔던 환경 때문에, 스스로 어느 범위까지 자발성을 발휘할 수 있을지 가늠하기 힘들기도 하다. 예를 들어, 실제로는 가위나 칼로 종이를 자를 수 있는 사람도, 이러한 도구는 장애인 보호시설이나 교육기관 등에서 위험한 물건으로 전제되어 다뤄보지 못한 경우도 많다. 자신이 종이를 자르고 싶어도 도구를 자유롭게 선택하는 것조차 어려워지는 것이다. 그렇기에 장애인의 자발성, 주체성, 자기표현과 관련한 논의에서는, 특히 사회적 환경이나 장치들이 장애인에게 어떤 영향을 주고 있는지가 반드시 고려되어야 한다. 이것은 물리적으로는 가능하지만, 상황적으로는 불가능한 것을 발생시키는 사회적 요인과 관련된 것이며, 표현 활동, 예술 행위 등은 이러한 사항에도 많은 영향을 받는다. 실제로 (비장애인 중심의 예술교육에서도) '자유롭게 자신을 표현해본다'는 목표나 방향으로 이루어지는 활동이 많지만, 장애인의 일상에 '자유롭게', '자신의 모습 그대로' 살 수 있는 환경이 충분하지 않을 수 있기에 장애인의 자발성은 여러 차원으로 고려되어야 하는 것이다.

이것은 (1)의 영역을 고려해야 하는 이유와도 연결된다. 장애인은 관리와 보호를 목적으로 일상적 행위도 제지받으며 살아온 경험이 많기 때문에 '겉으로 드러나는 행위를 하기까지 내면적, 정서적으로 동기, 관심, 의미, 안정감 등을 찾는' 것이 쉽지 않다. 혹은 각자가 주변 요소를 파악하거나 상황에 적응하는 데에 각기 다른 시간과 과정이 필요하다. 그렇기에 (1)의 과정도 경험적 학습이 필요한데, 장애인에게는 자신의 관심이 무엇인지, 자신에게 안정감이나 의미를 주는 것이 무엇인지를 발견하는 것 자체가 생소한 일일 수 있다. 따라서 (1)의 영역을 고려한다는 것은, 그것이 얼마나 발생하기 힘든지를 살피는 것부터 시작되어야 한다. 동시에 이것은 (1)의 영역을 고려해야 하는 첫 번째 이유가 되기도 한다.

또한 (1)의 영역을 고려해야 하는 이유 두 번째는, 더욱 넓은 범위의 표현 개념이 전제되어야 다양한 참여도 가치있게 해석될 수 있기 때문이다. 이것은 단지, 장애인을 표현 활동으로부터 소외시키지 않아야한다는 의미가 아니다. 장애 유무와 상관없이 다양한 감각이나 속도, 생각을 가진 사람들이 그 자체로 표현 활동에 참여하는 것은 당연한 일이다. 특히 예술과 관련된 표현 행위는 무언가를 이뤄 내거나 증명하기 위한 수단이 아니기 때문이다. 따라서 표현이 겉으로 드러나기 전의 순간까지도 고려해야 하는 이유는, 일반적이지 않은 감각이나 속도, 표현 주체의 존재가 그 자체로 존중되어야 하기 때문이다. 누군가가 '왜 표현하지 않는가', '왜 표현하지 못 하는가'라고 평가하기 전에, 개별적 표현 방식을 찾고 있는 어떤 순간들을 충분히 고려해야 하는 것이다.

세 번째 이유는, (1)의 영역이 표현의 유무나 정도를 파악하는 해석적 가능성을 가지고 있기 때문이다. 이것은 해석적 근거를 가지고 있는 것과 다르다. 왜냐하면 (1)의 영역은 타인에 의해서 쉽게 판단될 수 없으며 논리적이고 이성적인 방식으로 설명 가능한 영역이 아니기 때문이다. 또한 (2)와 (3)의 영역만으로 표현의 유무나 정도를 파악하는 것도 불가능하다. 그러나 주로 (2)와 (3)의 영역을 중심으로 장애인의 표현 활동이 판단, 평가되고 있기 때문에, 모호하고 불명확하더라도 더욱 많은 해석과 확장의 가능성을 가진 (1)의 영역이 다각도로 고려되어야 한다.

　　이와 같은 이유들로 (1)의 영역을 다시 들여다보고자 할 때, 우리는 한편으로 그것을 중요하게 생각하지 않으려 했던 이유를 생각하게 된다. 사람 자체에 관심을 가지기보다는 그 사람에 대한 빠르고 쉬운 판단을 하기 위해서가 아니었는지 말이다. 왜냐하면 (1)의 영역은 장애에 대한 사회적 시선과도 연관되어 있기 때문이다.

③ (1)의 영역을 살피는 방법

장애인의 표현 활동과 관련해서 보통은 (2), (3)의 영역을 살피는 방법, 혹은 이 영역들을 활성화시키는 방법들이 논의된다. 왜냐하면 이것은 보통 눈에 보이거나 귀에 들리거나 손으로 만져지는 실체나 현상들로 인식되기 때문이다. 그래서 이 영역은 장애인의 표현이 현재 '존재하는' 것으로 판단되는 데에 근거로 작용한다. 하지만 이것은 한편으로 장애인의 표현이 각자의 존재를 입증하기 위해 요구되는 것은 아닌지 생각하게 만든다. 그런 측면에서, 눈에 드러나지 않는 생각을 하고 있거나 관계를 살피거나 안정된 상태를 기다리고 있는 누군가의 내면적 상태, 즉 (1)의 영역은 장애인의 존재를 증명해내지 못하기 때문에 예술교육가가 (2), (3)의 영역을 위주로 생각했던 것은 아닌지 반문해볼 필요가 있다. 그렇다면 장애인의 표현 활동은 개별 주체의 존재를 드러내야만 할까. 감각적으로 인식되는 표현 행위를 하고 있는 사람만 존재가 인정될 수 있는 것일까. 예술교육 안에서 '뭐라도 해보라'는 요구는 누구의, 어떤 기대와 의도 안에서 이루어지는 것일까. 아무 반응이 없는 사람, 평소에 하던 행위만 반복하는 사람, 몸을 거의 움직이지 못하는 사람에 대해서 예술교육가는 '뭐라도 해보라'는 요구 대신 '그 사람은 왜 뭐라도 해야만 할까'라는 질문을 스스로 가져볼 수 있다.

　　이런 질문들 속에서 (1)의 영역을 살피는 방

법을 말하자면, 그것은 사람에 대해 궁금해하는 것이다. 장애인이든 비장애인이든 그 사람은 어떤 사람인지, 현재 어떤 상태일지 그 자체에 집중해서 생각해 보는 것이다. 이것은 그 사람이 왜 이런 표현을 안 하는지, 왜 이런 속도를 내지 못하는지, 왜 참여하지 않는지 원인을 찾는 것과는 다르다. 사람에 대해 일반적인 기준을 전제로 무언가를 기대하는 것은, 그 사람에 대해 궁금해하는 것과 다르다.

　　　이것은 하나의 예시를 통해 구체적으로 생각해볼 수 있다.

B는 언제나 자신이 좋아하는 TV프로그램과 캐릭터에 대해서만 이야기를 한다. 다른 사람이 일상적 안부를 물어도, 혹은 다른 주제의 이야기를 꺼내도 그는 자신의 관심사에 대해서 주로 이야기한다. 그의 공책 속에는 자신이 좋아하는 이야기들이 가득 쓰여 있고, 그는 누군가를 만날 때마다 그 공책을 펼쳐서 더 자세한 설명을 이어간다. 그는 예술교육 활동 안에서도 그 관심사에 대해서만 그리고 만들고 이야기한다. 활동의 결과물은 그가 가지고 다니는 공책과 거의 동일한 형태가 되기도 한다.

여기에서 누군가가 B에게 일반적 표현을 기대한다면, 그가 왜 수업 시간에도 평소에 하던 것만 하는지, 그것을 어떻게 줄일 수 있을지 방법을 찾으려 할 것이다. 그러나 만약 B라는 사람 자체에 궁금함을 가지게 된다면 왜 그가 TV프로그램과 캐릭터를 좋아하는지, 그것에서 어떤 매력을 느끼는지, 그것은 혹시 어떤 사건이나 상황과 관련이 있는지, 그는 그 관심사를 얼마나 다양한 방식으로 표현하고 있는지 등을 생각해 볼 수 있다. 그렇다면 이런 궁금함은 예술 활동 혹은 표현 활동과 동떨어져 있을까. 사실 이러한 궁금함은 더 확장된 관찰, 실험, 표현, 창작으로 이어질 수 있는 가능성을 가지고 있다. 예술은 다양한 관심과 질문들로부터 더욱 풍성해질 수 있다는 특징을 가지고 있기 때문이다. 동시에 이것은, 장애인의 표현, 창작, 예술 활동에 대한 기대감을 높이는 것이 아닌, 누군가가 어떤 개인에 대해 관심을 가짐으로써 둘 사이의 관계를 만든다. 한 사람을 궁금해하는 또 다른 누군가, 이들은 장애 유무와 상관없이 서로에 대한 호기심이나 관심 자체로 무언가를 함께 해볼 수 있기 때문이다. 개별, 또는 공동의 경험을 중시하는 예술에서 이것은 중요한 요소로 작용 가능하며 (1)의 영역을 살피는 방법으로도 설명 가능하다.

④ (1)의 영역을 존중하고 응원하는 방법

역시나 중요한 것은 시간이다. 보통은 비장애인이 장애인의 표현 속도를 기다려야 하는 상황이 많은데, 사실 이것은 다시 생각해 보면 비장애인, 또는 조금 빠른 속도로 무언가를 하는 사람이 가지는 불안감이나 기대감 자체가 원인인 경우가 많다. 장애인의 속도가 문제가 아닐 수 있다는 의미이다.

효과나 성과, 변화나 발전, 표현이나 참여는 사실 그것에 대한 기대감에서 시작되는 것이지, 장애인에게 꼭 요구되어야 할 요소는 아니다. 프로그램 결과물이 필요해서, 올해의 성과가 있어야 내년에도 활동이 이어질 수 있어서 예술교육에서의 불안이 점점 커지는 부분도 있다. 물론 이러한 현실적 상황을 외면할 수는 없지만 장애인의 표현에 타인의 불안을 투영하는 것은 더욱 지양해야 한다. 그래서 시간이 오래 걸릴 수 있고, 그저 오랜 시간 이런저런 활동들을 해보는 것 자체가 중요하다는 것을 염두에 두어야 한다.

그리고 동시에 (2), (3)의 영역이 (1)의 영역보다 상대적으로 강력한 관심을 받을 수 있기 때문에, 예술교육가가 언제나 (1)의 영역을 고려하지 못할 수 있다는 것을 생각해야 한다. 누군가 눈에 띄는 표현을 할 때, 그것에 관심을 가지는 동시에 그동안 궁금해했던 (1)의 영역에 대해서 관심을 놓지 않아야 한다.

더불어 이러한 질문을 할 수 있다.

(2), (3)의 영역은 (1)의 영역과 분리되어 있을까?

무언가를 끊임없이 사유하고 실험하고 발표하고 그러면서도 발표된 작품 사이에서 오히려 더 큰 공허함을 느끼며 또 다른 표현을 찾아보는 예술가들로부터 우리는 힌트를 얻을 수 있다. 사회적으로는 그 사람이 무언가를 표현해내고 발표할 때 창작이나 예술이 일어나고 있다고 판단하기 쉽지만, 그 사람의 입장에서는 그렇지 않을 때도 있기 때문이다.

이런 상황을 바탕으로 (1)의 영역을 존중하고 응원하는 방법은 다음 그림으로 설명 가능하다.

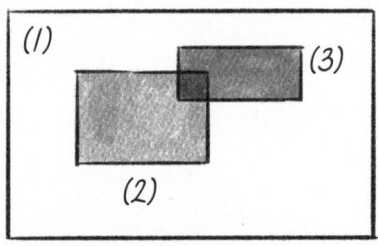

　　사실 (1)의 영역은 모든 영역에 관여하고 있으며 섞이기도 하고 구분이 모호하기도 하다. (1)은 그 자체로 존재하기도 하고 (2)나 (3)이 되기도 하며 어떤 순간에 (3)은 다음 표현을 위한 (1)이 되기도 한다. 즉, (1)은 표현 활동의 전제이자 전반이기 때문에 예술교육가가 (1)을 존중하고 응원하는 방법은, (2)와 (3)의 영역도 (1)의 범위로 인식하는 것이다. 그럴 경우, 장애인의 표현은 언제든 무언가가 발생하려는 상태 안에 있게된다. 이러한 관점은 보이지 않는 영역을 외면하지 않고 오히려 더 큰 가능성으로 전제하는 것이다.

　　'그래서 (1)의 영역을 존중하고 고려하며
　　교육 참여자의 활동을 지켜보면 되는 것인가'

　　　　　　　　　　　　　　　　　　　같이 좀 모르자

아마도 예술교육가에게는 이런 질문이 생길 것이다. 너무 관여하지 말고 좀 지켜보고 생각해 보면 되는 것일까, 그것이 너무 소극적인 교육 방식은 아닐지 고민이 될 수도 있다. 그러나 나는 교육적 방식, 방법보다 방향성에 대해 긴 의견을 전했다고 말하고 싶다. 어떤 교육 방법이 효과적인지 제안하는 대신, 예술교육가가 교육이라는 것을 어떤 의미로 바라볼 수 있을지, 특히 장애인 예술교육에 대해 질문하고 싶다. 예술은 더더욱 누가 누구를 가르치는 것을 넘어서는 경험이나 관점을 발생시킬 수 있기 때문이다. 예술이 사람과 사람을 어떻게 만나게 하는지를 들여다보는 것으로부터 그 관점도 시작될 수 있을 것이다.

* 이 글은 2018년 창작그룹 〈비기자〉의 『장애인 문화예술교육 방향성 및 교보재 연구 보고서』를 바탕으로 작성되었다.

예술가의
시선으로
다시 본다면

작은 표현에도 넓은 세계가 있을까

여러 연구와 강의를 이어가던 와중에 나는 2021년 한 특수학교에서 중학생들을 만나 예술교육을 하게 되었다. 해외 사례도 조사하고 다양한 표현의 상태도 글로 적어봤지만 교육 현장에서는 다시 개별적 활동을 시도해야 했다. 단지 이전과 다른 점이라면 마음이 덜 급하고 조금 편안해졌다는 것이다. 나는 여러 재료를 들고 교실에 들어갔다. 참여자가 각자에게 편안하거나 호기심을 주는 재료 혹은 표현 방식을 탐색하는 시간을 최대한 오래 가졌다. 그 시간 동안 나는 바쁘게 움직이고 말하면서도 참여자들의 미세한 표현 행위를 관찰하고 궁금해했다.

① 면봉이 놓이던 순간

내가 준비한 재료 중에는 수백 개의 면봉도 있었는데 한 학생이 그것을 선택하여 꽤 긴 시간 동안 자신의 속도와 방식으로 무언가를 표현한 순간이 있었다.

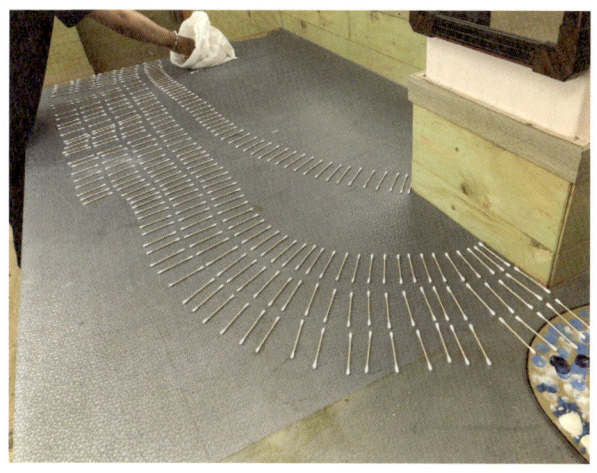

보통은 그 학생이 면봉을 책상에 놓아 어떤 형상을 만들었다는 사실 정도로 그 활동을 설명하게 된다. 하지만 이 학생의 행위를 더욱 쪼개어 살펴보면 이렇게도 이야기할 수 있다.

- 활동의 진행자가 제시한 여러 재료들이 눈앞에 있다.

- 그 중 특히 엄지와 검지 손가락으로 집기 좋은 크기와 무게의 오브제(면봉)를 선택한다.

- 그 오브제가 평소에는 무언가를 닦는 용도로 쓰이는 면봉이라는 사실은 중요하지 않다.

- 면봉의 끝은 하얗고 둥그렇고 부드럽다. 손가락이 다치지 않을 것 같은 촉감이다.

- 면봉을 한 개, 두 개 바닥에 놓아보니 무언가가 책상 위에 가시적으로 표현된다.

- 하지만 학생은 이미지를 그려내기 위해서, 더 나아가 미술적 표현을 하기 위해서 면봉을 활용한 표현 행위를 하는 것은 아닐 수 있다.

- 일단 면봉을 약 1.5~2cm 간격으로 놓아본다.

- 계속 놓다 보니 책상에 면봉을 놓는 행위 자체에 몰입이 되는 것 같기도 하다.

- 혹은 면봉이 일정한 간격으로 놓이는 형상이 흥미롭거나 편안함을 주기도 한다.

- 손끝으로 면봉을 집고 놓는 순간의 일정한 리듬감, 촉

같이 좀 모르자

감 자체에 집중하게 된다.

- 누군가는 이제 면봉으로 무엇을 만들 것인지 혹은 만들었는지 묻지만 학생은 답변할 필요성을 느끼지 못할 수도 있다.

- 무언가를 만들기 위해서 면봉으로 선과 면을 만들고 있는 것이 아닐 수도 있기 때문이다.

- 그럼에도 면봉은 책상 가득 길게 끊임없이 놓여 시각적으로 결과물을 만들어낸다.

- 활동의 진행자가 이제 마무리할 시간이 되어 면봉을 정리하자고 한다. 이때 학생이 결과물을 만드는 것이 목적이 아닌 경우, 그것이 사라진다는 아쉬움보다는 충분히 손끝으로 반복적 리듬을 느껴봤다는 만족감을 느껴 재료 정리를 할 수도 있다.

　　혹은 이것보다 더 쪼개어 표현 행위를 살펴볼 수도 있다. 그런데 '쪼개어볼 만한 순간이나 요소가 있다'는 것을 어떻게 알 수 있을까. 모두가 그런 것은 아니지만 어떤 표현 행위를 몰입해서 해본 경험이 있는 경우 그 미세한 순간들이 벌어지고 있음을 조금 더 쉽게 파악하거나 예측할 수 있다.

② 미세한 감각을 2시간씩 만난다는 것

중요한 것은 미세한 감각이 작동하는 표현 행위가 교육 참여자 개개인에게 충분히 시도되지 못한다는 것이다. 또한 그 표현 행위로 인해 드러나는 개별성의 일부를 예술교육가는 보통 2시간 단위의 장르 중심 프로그램 안에서 만나야 한다. 예술적 표현 활동은 시작과 끝을 쉽게 예측하거나 계획하기 어렵고 오히려 즉흥성과 불확정성을 바탕으로 다양하게 뻗어나갈 필요가 있으나 장애인 예술교육은 정해진 블록 수업 안에서 이루어지고 있는 것이다.

이럴 경우 면봉을 2시간 내내 책상 가득 놓는 교육 참여자를 누군가가 가만히 지켜보며 미세한 표현의 감각을 관찰하거나 해석하기도 어렵다. 특히 여러 명의 교육 참여자가 동시에 활동에 참여할 경우는 더욱 그렇다. 하지만 예술교육만을 위해 장애인의 일반적인 교육, 생활, 복지 관련 환경이나 구조를 바꾸기는 어렵다. 그렇기에 그 상황 안에서 해볼 수 있는 질문이나 관점, 작은 시도를 여러 현장의 관계자들과 함께 찾는 것이 중요하다.

나는 이러한 가능성을 특수학교 활동 중 한 교사의 참여를 통해 찾아볼 수 있었다.

　　　하루는 학생들이 그린 그림을 교실 뒤편에 빨래집게로 실에 매달아 설치했다. 여러 학생 중 한 학생이 휠체어에 앉아 말없이 주변을 보거나 손끝으로 무언가를 만지고 있었다. 그 학생은 무언가를 그려서 그림을 줄에 매다는 활동을 스스로 하기 어려웠는데 매달린 그림을 가만히 보다가 그림이 펄럭일 때 미세하게 웃거나 소리를 내곤 했다.

　　　이러한 반응을 옆에서 보고 있던 교사는 면봉을 빨래집게 위쪽으로 꽂아 설치했다. 그리고 그 학생을 데려가 손끝으로 면봉 끝을 만져 움직여볼 수 있게 하였다. 교사가 면봉을 다른 방향으로 꽂은 덕분에 면봉은 학생의 미세한 터치에도 더 쉽게 좌우로 움직이거나 흔들렸다. 조금 전까지 면봉을 집었다 놓았다 정도의 활동을 했던 그 학생은 면봉이 움직이는 현상을 보며 더 활짝 웃었다. 두 손을 머리 위로 올려 더 큰 관심을 표현하기도 했다.

같이 좀 모르자

이러한 순간 교사에게 필요했던 것은 예술적 역량이나 예술교육에 대한 정보가 아니었다. 그 학생이 어떤 부분에서 미세하게 감각하는지, 그러고자 하는 욕구가 있는지, 그 욕구나 감각을 어떻게 극대화해서 함께 해볼 것인지를 모색하는 것이 중요했다. 누군가에게는 사소한 시도로 보일 수 있는 활동도 학생 입장에서 중요해 보인다면 적극적으로 제안해 보는 것, 그것은 작은 감각에서 시작되기도 한다.

물론 정해진 시간 안에서 여러 교육 참여자를 만나는 방식이 일반화되어 있어 개별화된 표현 행위를 충분히 관찰하기는 어렵다. 하지만 그 현실 안에서 예술교육가가 해볼 수 있는 작은 시도들은 충분히 있다. 오히려 그 시도들이 교육 참여자 입장에서 여러 방식으로 모색되지 못했기에 당연했던 한계 안에서 해볼 수 있는 요소들을 다시 하나씩 짚어보는 것이 중요하다.

③ 이야기 대신 손끝의 감각으로부터

2년 전, 나는 일주일에 한 번씩 초등학교에서 저학년 학생들을 대상으로 예술교육을 하고 있었다. 총 14명의 학생 중에는 장애를 가진 학생도 있었다. 하루는 아크릴 그림 조각들로 시각 표현을 했는데 대부분의 학생들은 이미지가 갖는 기호와 의미들에 집중하며 어떤 형상이나 이야기를 표현했다. 활동을 진행하는 나도 그림 조각들을 그렇게 사용해 왔기에 그 재료의 이름을 '이야기 모양자'라고 붙였었다. 그리고 대부분의 교육 참여자들도 그렇게 모양자를 사용할 거라고 예상했었고 주로 그러했다.

그런데 한 학생이 교실 바닥에서 말없이 모양자를 한 주먹 집어 공중에서 바닥으로 떨어뜨리고 있었다. 그 행위를 잘 살펴보니 모양자는 작은 소리를 내며 바닥으로 떨어지고 있었고 그 소리와 움직임이 그 학생에게 오히려 호기심 혹은 편안함을 주는 것 같았다.

같이 좀 모르자

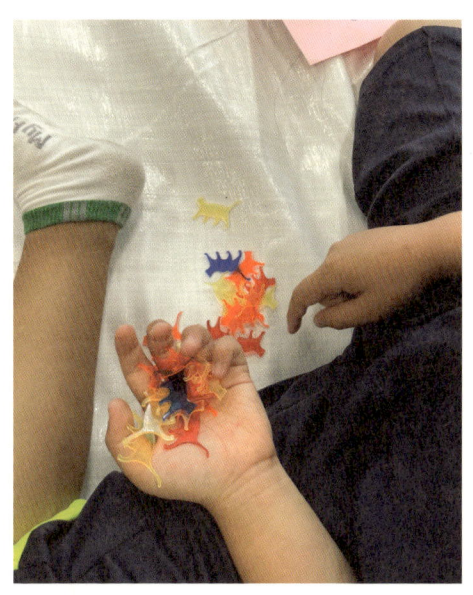

    그 학생에게는 모양자가 이야기를 만들기 위
한 도구로 해석되기 전에 와르르 떨어뜨려 볼 수 있는
무엇으로 감각되는 것 같았다. 그것은 어디까지나 나
의 예측일 뿐이었는데 나는 그 학생에게 다가가 모양
자를 학생의 머리 위에서 떨어뜨려 보았다. 그리고 바
닥에 엉덩이를 붙이고 앉아 있는 학생의 다리 사이로
모양자 조각들을 와르르 떨어뜨렸다. 모양자의 둔탁
한 모서리들이 학생의 종아리 피부에 부딪히는 순간
을 만들고 싶었기 때문이다.

그러자 그 학생은 말없이 나의 다리 사이로 모양자를 한 주먹 집어 떨어뜨렸다. 마치 바닷가에서 모래놀이를 하는 것 같았다. 나는 더 해보자고 했다. 어느새 학생은 자신의 윗도리 안쪽으로 모양자를 집어 넣고 있었다. 모양자의 촉감이 학생의 신체를 자극하고 있는 것 같았다.

우리는 그 행위를 다소 짧은 시간 동안 함께 해봤다. 그리고 나는 다음의 만남부터 그 학생과 무엇을 어떻게 함께 해보면 좋을지 여러 상상을 할 수 있었다. 그 학생에게 모양자는 이야기를 표현할 수 있는 이미지 조각들이 아니었던 것 같다. 어쩌면 더 만져보고 싶고 떨어뜨려 보고 싶고 적극적으로 촉감을 느껴보고 싶은 무엇이었을지 모른다.

만약 그 학생과 1:1로 만날 수 있는 기회가 생긴다면 나는 모양자와 비슷하거나 전혀 다른 촉감을 가진 여러 매체들을 우선적으로 준비할지 모른다. 그것을 바닥에 놓아보며 '무엇을 만들었는지' 묻는 대신 같이 만져보고 던져보자고 할 것이다. 그것이 어떤 제목을 붙이기 전에 우리가 함께 해볼 수 있는 행위이자 놀이가 되지 않을까.

같이 좀 모르자

④ 감각을 소리와 리듬으로

역시 2년 전, 나는 주말마다 아동의 부모도 함께 참여하는 가족 놀이 활동을 진행하고 있다. 하루는 분무기를 이용해 야외에서 물로 스텐실 기법의 시각 표현을 하였다. 방법은 아주 간단한데, 두꺼운 셀로판지에 그림을 그려 오려낸 후 그 그림 조각을 바닥에 대고 분무기로 물을 뿌리는 것이다. 그림 조각을 드러내면 바닥에 물 그림이 남는다.

대여섯 명의 아동들에게 분무기를 하나씩 나
눠주고 함께 야외 공간에서 물 그림을 그리기 시작했
는데 한 아동이 분무기로 공중에 물을 뿌리며 돌아다
니는 것을 발견할 수 있었다. 나는 그 아동에게 어서 와
서 그림을 그려보자고 하기 전에 그 아동의 표현 행위
를 살펴보았다.

　　아동은 분무기로 물을 분사시킬 때마다 비슷
한 리듬과 음정으로 "화-락! 화-락! 화-락!"이라고 말
하고 있었다. 그 목소리는 매우 작았는데 그래서 작은
물방울들이 햇살처럼 잘게 퍼지는 순간과 더 잘 어울
렸다. 그러니까 그 행위가 물 그림을 그리는 것이 싫다
는 표현을 강력하게 하고 있는 투정처럼 보이지는 않
았다. 아동은 물이 분사되는 순간을 느끼고 있는 것 같
았다. 그것을 좀 더 쪼개어 보자면, 분무기의 손잡이를
작은 손으로 끌어당길 때 미세한 시간차를 두고 물이
앞으로 발사되는 찰나, 그때 넓게 퍼지는 물방울의 움
직임과 시원한 공기, 이내 흩어져버리는 축축한 기운
등이 "화-락!"이라는 말에 맞춰 일정하게 생겨났다가
사라지고 있었다.

　　아동은 물로 그림을 그리는 행위까지 가기 전

같이 좀 모르자

어떤 행위를 탐색하고 있는 것일까. 혹은 내가 제안한 어떤 재료를 자신의 방식으로 감각하고 있는 것일까. 그것은 느린 참여일까. 이에 대한 판단을 하기 전에 그 아동에 대해 궁금해하니, 오히려 '감각하기' 혹은 '표현하기'에 대한 아동의 개별적인 시도를 발견할 수 있었다.

조금 다른 방향에서 질문해 보자면, 인간은 분무기로 물을 분사하는 행위를 얼마나 충분히 시도하거나 감각해 보았을까. 누군가는 분무기가 잘 작동하는지 확인하는 정도의 시간만 필요할지 모르지만 누군가는 분무기와 연관된 여러 현상을 감각하는 더 많은 시간이 필요할지 모른다. 중요한 것은 주로 전자의 경우로 많은 활동을 계획하거나 시도한다는 것이다.

더 솔직하게 표현하자면, 그 아동이 분무기나 물방울, 혹은 또 다른 무언가를 탐색하고 감각하는 과정만큼이나 나도 그것을 감각해 보거나 궁금해한 적은 없었다. 그렇기에 나에게는 그 아동의 행위를 이상하거나 부족한 것으로 판단할 근거가 없다. 오히려 분무기의 목소리는 "화-락!"일 수도 있겠다는 재미있는 상상을 할 수 있었다.

만약 그 아동과 1:1로 만날 수 있는 기회가 생긴다면 우리는 같이 다양한 분무기를 찾아다니거나 직접 만들이 보거나 서로 물을 뿌리며 시원함 혹은 축축함을 느껴볼 것이다. 건물 복도에서, 넓은 들판에서, 미끄럼틀 위에서, 움직이는 차에서 물을 뿌리며 혹시나 "화-락!" 말고 다른 소리가 떠오르지는 않는지 찾아볼 것이다. 혹은 분무기를 이용해 리듬을 표현하거나 발견하는 활동을 시도할 것이다. 그 과정은 바닥에 물 그림을 그리는 활동과는 다른 표현의 순간으로 우리를 이끌 것이다.

* 이 글은 2022년 한국문화예술교육진흥원 장애인 비대면 문화예술교육 프로그램 개발 및 활성화 지원사업 〈만날 사람은 만난다〉 결과자료집 「우리도 해보고 있다. 우연히, 작게, 문득, 계속」을 바탕으로 작성되었다.

같이 좀 모르자

이름 없는 행위와 비언어적인 순간

앞선 사례들을 살펴보면 참여자의 적극적인 탐색의 시간이 갖는 중요성을 확인할 수 있다. 그것은 모양자를 떨어뜨리거나 분무기의 손잡이를 잡아 당겨보는 구체적인 행위들로 드러나는데 중요한 것은 이러한 행위를 부르는 이름을 몇 가지로 명명할 수 없다는 것이다. 게다가 너무나 개별적인 행위라서 사회적으로 의미화된 개념들로 카테고리화 하기도 어렵다. 그렇기에 참여자의 표현 행위 또는 탐색의 과정이 매우 넓은 개별적 스펙트럼을 가지고 있다는 것을 인정하는 것이 중요하다.

　　예술교육 현장에서 참여자와 함께 무언가를 하는 예술교육가, 보조자, 조력자 등은 그 표현 행위와 개별성을 관찰할 수 있는 가능성 안에 있다. 그렇다면 참여자의 표현 행위를 보다 작은 단위로 쪼개어 바라보기 위한 질문은 어떻게 시작될 수 있을까?

　　예술교육가는 보통 누군가가 예술적 표현 행위를 할 때 "그래서 이건 무엇인가요?"라고 묻곤 한다. 그러면 "이건 OOO이에요."라는 명확한 답변이 돌아

올 때도 있지만 그렇지 않은 경우도 많다. 자신이 뭘 표현하고 있는지보다 어떻게 해보고 있는지가 더 중요한 경우도 있고 사실은 자신이 뭘 표현하고 있는지 모르는 경우도 있다. 일단 해보고 있는 것이기 때문이다.

예를 들어 몸의 움직임으로 표현 활동을 하는 경우 일단 몸을 어떤 리듬, 에너지, 방향으로 움직여봐야 그다음에 움직여보고 싶은 무엇을 찾거나 해볼 수 있다. 그러한 탐색과 시도가 연속되는 과정 속에서 표현의 주체는 앞으로의 활동이나 결과물에 대해 계획을 하기 어려울 수도 있고 그것이 별로 중요하지 않을 수도 있다. 궁극적으로 그것이 무엇이 되도록 하려고 하는 것이 아니라 자신의 행위 자체를 즉흥적으로 즐기거나 탐색하는 것일 수 있기 때문이다. 그때 누군가 다가와 "이것은 무엇인가요?"라고 묻는다면 과연 어떤 답변이 가능할까.

비언어적이거나 이름이 없는 작은 단위의 표현 행위를 해보고 있는 사람의 입장을 고려한다면 예술교육가는 그 사람의 행위를 '무엇'으로 의미화하기 전에 '어떻게 하고 있을지' 궁금해할 수 있다. 꼭 물어보지 않더라도 말이다. 저 사람은 지금 어떻게 하고 있

같이 좀 모르자

는 것일까, 그 다음에는 무엇을 해보려고 할까 등을 궁금해하기 시작하면 완결된 형태가 아닌 다른 것들도 시도해 볼 수 있다.

이때 어떻게 하면 교육 참여자가 문득 하고 싶어질까, 혹은 사건의 주체가 될까, 이런 질문도 할 수 있다. 예술교육가가 촘촘하게 계획한 활동에 교육 참여자가 안정적으로 참여할 수 있게 하는 것도 필요하지만 교육 참여자가 사건의 주체가 되는 시간도 적극적으로 모색될 필요가 있다. 이때 교육 참여자의 행위가 예술교육가의 예측에서 벗어나서 조금 불안할 수도 있지만 오히려 그 행위는 더욱 다양한 방향으로 뻗어나갈 수 있다.

좀 더 편하게 표현하자면 참여자가 '어쩌다가 얻어걸리기도 하는 가능성' 안에 있어야 한다. 누군가가 너무 불확정적인 요소까지 관리하려고 할 경우 즉흥적이고 모호하고 비언어적인, 그렇지만 아직 이름이 없는 개별적 표현 행위가 위축될 수 있기 때문이다.

이때 예술교육가가 현장에서 해볼 수 있는 시도는 다시 작은 단위의 표현 행위나 직관적이고 비언어적인 요소로 구체화될 수 있다. 예술교육이 주로 계획서와 같은 문서 속 언어로 시작되는 경우가 많은데 오히려 그 지점이 비언어적인 요소들이 넘쳐나는 현장에 큰 함정이 될 수 있다는 것도 생각해 볼 필요가 있다.

* 이 글은 2022년 한국문화예술교육진흥원 장애인 비대면 문화예술교육 프로그램 개발 및 활성화 지원사업 〈만날 사람은 만난다〉 결과자료집 「우리도 해보고 있다. 우연히, 작게, 문득, 계속」을 바탕으로 작성되었다.

같이 좀 모르자

던진다, 쌓는다, 꽂는다, 놓는다…

비언어적인 표현 행위에 내가 집중하게 된 이유는 특히 중증 장애인과의 예술교육 활동 안에서 발견한 요소들 때문이다. 내가 어떤 재료나 도구로 무언가를 표현해 보자고 몇 가지 활동을 교육 참여자에게 제안하는 경우가 많은데 이때 누군가는 그것을 너무 복잡하고 복합적인 요소들의 총합으로 받아들이고 있는 것 같았다. 그래서 내가 제안한 것을 하기 전, 자신에게 흥미로운 자극을 주는 무언가를 먼저 해보거나 어떤 재료 혹은 상황에 적응하기 위해 시간을 보내는 참여자도 많았다.

예를 들어, 투명한 필름지에 그림을 그려서 공간 곳곳에 그것을 실로 연결해 설치해 보는 활동을 이야기해 볼 수 있다. 내 머릿속에 활동의 시작은 필름지 위에 무언가를 시각적으로 표현해 보는 것이었다. 하지만 실제 현장에서는 교육 참여자가 일단 필름지를 각자 만져보고 들여다보고 흔들어보는 행위들이 이어졌다. 필름지가 공중에서 펄럭거릴 때 나는 소리에 집중하는 사람은 손가락 끝으로 필름지를 들어 올려 귀

가까이 대고 그것을 반복적으로 흔들어보았다. 누군가는 역시 소리를 궁금해하는 것 같았는데 한쪽 손으로 필름지를 들고 다른 손의 손가락 끝으로 필름지를 튕겨보기도 했다. 어떤 자세로, 어떤 손가락으로, 어느 정도의 강도로 필름지를 튕기거나 두드려보는지에 따라 다른 진동이나 소리가 날 수 있다는 것을 나도 그때 감지했다. 그러는 사이 누군가는 필름지를 얼굴에 가면처럼 가까이 대고 입김 자국을 남기고 있었고 누군가는 다른 사람들의 그러한 탐색 과정을 천천히 둘러보고 있었다.

이때 내가 할 수 있는 선택 중에는 각자의 그 탐색을 외면하고 필름지 위에 무언가를 그려보자고 다음 재료를 나눠주는 것도 있다. 하지만 비언어적인 표현 행위들이 적극적으로 시도되고 있는 그 '참여'의 순간은 그야말로 의미 있는 개별적 표현과 탐색의 시간으로 보였다. 그리고 이러한 순간들을 자주 접하게 되면서 오히려 재료나 상황을 탐색하는 시간을 활동의 초반, 혹은 전반에 적극적으로 배치하게 되었다. 그러니 누군가의 행위는 중심 활동으로 나아가지 못한 부족한 행위가 아니라 적극적인 감각하기, 자기표현

같이 좀 모르자

의 영역으로 해석되었다. 누군가가 '하고 있다'고 전제되는 범위가 오히려 확장, 재설정되니 예술교육 안에서 해볼 수 있는 것, 속도를 늦춰볼 수 있는 이유가 적극적으로 발견되었다.

그러한 관점으로 여러 예술교육 현장을 다시 살펴보니 인간이 하고 있는 단순한 행위들 안에 이미 넓은 표현의 세계가 존재했다. 던진다, 쌓는다, 꽂는다, 굴린다, 흔든다, 바른다, 돌린다, 튕긴다… 그 행위들을 미세하게 쪼개어 살펴보니 오히려 충분하게 탐색되지 못한 표현의 영역들도 보였다. 예를 들어, 우리는 '던진다'만으로 수십 가지, 아니 수백 가지 탐색을 할 수 있다. 무엇을 던지느냐, 어떤 동작으로 던지느냐, 무엇을 향해 던지느냐, 어떤 리듬에 따라 던지느냐, 누구와 던지느냐, 어떤 행위 다음에 던지느냐, 어떤 공간에서 던지느냐, 어떤 소리가 나게 던지느냐 등 질문을 쪼개면 할 수 있는 것들이 많다. 중요한 것은 그것을 장애인도 비장애인도 충분히 해보지 않았다는 것이고 그렇기에 예술이라는 영역 안에서 모두가 자신의 방식으로 탐색을 할 수 있다는 것이다. 그런 측면에서 비언어적인 표현 행위를 중심으로 예술교육 활동을 시도해 보자는 것은 어떤 면에서 매우 단순하거나 반복적이거나 평범해 보이는 활동을 적극적으로 해보자, 그 과정에서 서로가 모르고 있는 영역을 함께 경험해 보자는 의미이기도 하다.

그런데 이러한 행위들을 떠올리다 보니 그것 역시 가시적인 움직임을 전제하고 있다는 생각도 들었다. 이러한 생각을 하게 된 것은, 2살 정도의 어린아이와 나무 블록으로 놀던 경험 때문이다. 나는 그 아이가 블록으로 어떤 미세한 표현 행위를 할지에 집중하고 있었다. 그런데 이 아이가 우선적으로 탐색한 것은 블록을 상자에서 꺼내는 것이었다. 혹은 블록을 일단 바닥에 '놓는다'는 것에 집중하고 있는 것 같기도 했다. 어쩌면 아이는 블록을 놓기 위해 하나씩 집는 그 순간, 블록을 손으로 만지던 순간 자체에 집중하고 있었을지도 모른다. 아이는 상자 안에 가득 담긴 블록이 우르르 바닥에 쏟아지면 어떤 느낌일지 궁금해하는 것 같기도 했다. 어쨌든 아이의 표현 행위는 블록이 있음을 인식한다, 그리고 만진다, 집는다, 놓는다 혹은 쏟는다 등으로 시작되고 있었다. 어떤 재질과 색깔과 무게의 블록을 처음 접했을 때, 한 사람이 해볼 수 있는 탐색이나 표현 행위를 더욱 그 사람 입장에서 상상해 볼 필요가 있는 것이다.

그렇다면 다시 처음으로 돌아와서 내가 어떤 예술교육 활동으로 계획했던 '투명한 필름지에 그림을 그려서 공간 곳곳에 그것을 실로 연결해 설치해 보는 것'은 얼마나 복잡한 활동인지 확인하게 된다. 이 활동을 더 쪼개고 뜯어보며 교육 참여자 입장에서 생각해 본다면 예술교육가가 예술교육 안에서 시도할 수 있는 것은 더욱 다양하고 넓어진다. 이것은 장애인이 단순하고 소소한 활동을 주로 할 수 있기 때문에 '쉬운' 것을 반복해서 해야 한다는 의미가 아니다. 작은 표현 행위 안에는 이미 넓은 세계가 있으며 그것을 충분히 해보는 것이 필요한 것이다. 필름지의 소리를 다양한 방식으로 탐색해 본 경험, 나무 블록이 쏟아질 때의 느낌을 충분히 만끽해 본 경험 등이 (장애 유무와 상관없이) 사람들마다 매우 다르다는 점에서, 이러한 미세한 탐색과 표현은 누구나에게 넓은 세계로의 여정이 될 수 있다.

그렇다면 이러한 탐색의 과정을 가로막는 관점은 무엇일까. 그것은 행위가 이루어지고 있는 상황 자체에 급하게 이름이나 개념을 부여하는 것이다. 예를 들어, 누군가가 여러 재료들을 활용해 '던진다'를 탐색하고 있는 상황에서 '야구를 히고 있구나'라고 단정하는 것처럼 말이다. 누군가가 재료의 촉감, 무게, 온도를 느끼고 그것이 던져질 때의 감각이나 느낌에 집중하고 있는 순간을, 기존에 있던 개념으로 이해하는 것은 불가능에 가깝다. 그것이 '야구를 하는 것처럼' 보일 수는 있으나 그것을 '야구'로 확정해서 상대방에게 전달하는 것은 다른 일이다. 그저 교육 참여자가 현재 무언가를 '하고 있다'고 보는 관점만이 더욱 활성화될 필요가 있으며 그 사이에 개념은 굳이 등장하지 않아도 된다.

그리고 함께 해보면 된다. 야구를 하는 것이 아니라 '던진다'를 함께 탐색하는 것이다. 그것은 교육 참여자에게 놀이가 되고 교감이 되고 존중의 표현이 된다. 빠른 응답이나 판단 대신 세밀한 공감과 동참이 중요한 것이다.

같이 좀 모르자

나도 그렇게 예술을 하니까

장애인의 표현 행위를 보편적인 언어나 개념으로 확장하는 것 이전에 행위 자체를 여러 차원으로 다시 생각해 보는 과정은 예술가적 시선과도 연결된다. 이러한 생각을 하게 된 이유는 온전히 나도 그렇게 예술을 하기 때문이다. 그래서 혼자 어떤 점토의 질감에 집중할 때, 소리가 공간마다 다르게 퍼져나가는 현상을 경험할 때, 문장으로 완성되지 못하는 글자들의 나열을 흥미롭게 적어볼 때, '연두색'이라고만 이름 붙일 수 없는 미세한 연두 계열 색들을 종이 위에 칠할 때, 그것을 그저 계속 해보고 싶을 때, 특히 장애인 예술교육에서 교육 참여자가 나와 비슷한 마음 혹은 입장일 수 있겠다고 생각한다.

예술가들의 창작 방식을 떠올려보자. 이들은 많은 사람들이 쉽게 이해하거나 예측할 수 있는 방식으로만 무언가를 표현하거나 창작을 하지 않는다. 일반적인 결과를 향해 적당하거나 적절한 방법을 선택하는 것이 아니라 무엇이 될지 모를 실험이나 행위 자체에 집중한다. 매우 미시적인 관점으로 주변을 인식하기도 하고 사소하거나 반복적인 행위를 통해 보이지 않는 에너지를 만들어내기도 한다. 그래서 예술가들은 일반석 근거나 목적, 단계적인 논리보다는 낯설고 분절된 행위 자체에 집중하기도 한다. 그것이 예술가들에게 더 흥미로운 경험이 되기 때문이다. 여기에서 장애 유무는 중요하지 않다.

그런 측면에서 나는 여러 강의 현장에서 예술가를 만날 때 "당신이 교육 참여자의 입장을 가장 잘 알 수 있다"고 말한다. 이것은 "당신이 의학 분야, 복지 분야, 특수교육 분야의 관점이 아닌 예술가적 관점으로 당사자의 표현을 바라볼 수 있다"는 의미다. 장애에 대한 인식이 사회적으로 지배적인 관점 안에서 작동한다는 점을 고려할 때, 과연 기존의 시선이나 관련 언어가 '인간이 예술을 하는 맥락이나 양상'까지 충분히 설명할 수 있는지 질문이 필요하다.

어떤 환경에서
예술교육을
하고 있을까

질문이 펼쳐지기에 좋은 지대

앞선 이야기들은 장애인 예술교육 현장에 있는 많은 사람들이 각자의 방식으로 시도하거나 고민하고 있는 내용이기도 하다. 단지 그 내용을 구체적으로 나눌 자리가 부족하다 보니 자신의 활동 방향이나 방식이 의미가 있는지, 큰 문제는 없는지 확인할 수 없어 고민의 이유나 배경을 예측하기 어려운 것이다. 나는 10년 이상 여러 지역을 오가며 강의를 하는 와중에 이러한 어려움을 이야기하는 예술교육가들을 자주 만나게 되었다. 그 고민의 이유나 배경을 몇 가지로 살펴보면 다음과 같다.

첫 번째로 교육 참여자의 개별성의 스펙트럼이 너무 넓다는 것이다. 그리고 개별성 간의 격차가 굉장히 큰데 그 사람들이 한곳에 모여 있는 상황에서 예술교육을 해야 하기 때문에 한두 명의 강사가 진행자로 겪는 어려움이 있는 것이다.

두 번째는 개별성의 중요성에는 공감하지만 그것을 고려하기 어려운 환경과 구조가 있다는 것이다. 사실상 예술교육이 대부분 복지관이나 특수학교 등 기관 중심의 2시간짜리 블록 수업으로 이루어진다. 그러다 보니 예술교육가가 교육 참여자 개개인과 관계를 맺으면서 무언가 시도하기란 쉽지 않다. 일시적으로 어떤 공간에 가서 정해진 시간 안에 수업 형태의 프로그램을 운영해야 하기 때문이다. 그리고 특수 교육에서는 오히려 교육 참여 인원이 법적으로 제한되어 있지만 예술교육에서는 그렇지 않은 경우가 많아서 10여 명의 교육 참여자를 2명 이내의 예술교육가가 만나야 하는 상황도 존재한다. 또한 특정 기관과 연계하여 예술교육을 할 경우 그 기관에서 성과나 결과물을 원하는 상황이 많아 그 요구를 외면하기 어렵다는 점도 중요하게 생각해 볼 필요가 있다.

세 번째는 이런 상황에서도 예술교육가가 교육 참여자들의 개별성을 추측해야 하는 상황이 많다는 것이다. 교육 참여자가 자신의 의사 표현을 하기 어려운 경우에는 예술교육가가 타인의 의견이나 욕구를 추측해야 하는데 과연 그것이 맞는지 그렇게 개인적인 생각만을 바탕으로 활동을 해도 되는지 의구심이 드는 것이다.

네 번째는 너무 반복적이거나 사소한 활동이

갖는 의미에 의문이 생긴다는 것이다. 교육 참여자의 참여 가능성이나 범위를 고려하다 보면 결국 비슷하고 평범해 보이는 활동을 지속하기도 하는데 이것이 과연 예술교육인가 의구심이 생기기도 한다.

다섯 번째는 장애인 예술교육 담론의 부족이다. 현장마다의 고민은 커지는데 이러한 고민에 대해서 부연 설명을 해주거나 다른 방향성을 제시하는 정리된 언어나 공식적인 자료는 매우 부족하다.

그리고 마지막으로 특히 예술교육에서 장르 중심의 기획이나 접근이 많다는 점이다. 예술교육가도 주로 기존의 형식이나 사업 안에서 예술교육을 하게 되기 때문에 교육 참여자의 개별성으로부터 세부적 활동을 모색하기보다 이미 설정된 장르 중심의 방식을 통해 활동을 이어가야 한다.

위와 같은 상황들은 개인이 해결하거나 바꾸기 어려운 구조와도 밀접하게 연관된다. 그 구조를 파악하기 어려운 경우 예술교육가들은 자신의 역량이 부족하다고 자책하거나 새로운 방법을 시도하기 어려운 상황 자체에 불안을 느끼기도 한다. 그래서 나는 강의 후 질의 응답 시간에 주로 예술교육가들의 어려움

같이 좀 모르자

을 공감하며 더 넓은 범위에서 현실적인 변화가 필요함을 강조한다. 장애인 예술교육이 보다 현장 중심의 담론과 실험으로 나아가기 위해서는 다른 구조를 설계하거나 예술가적 질문 및 관점이 활성화될 수 있는 환경이 무엇보다 필요하다. 그렇지 않을 경우 고도화된 논의와 고민이 결국 예술교육가 개개인의 역할이자 부담으로 귀결될 수 있다.

* 이 글은 2022년 한국문화예술교육진흥원 장애인 비대면 문화예술교육 프로그램 개발 및 활성화 지원사업 〈만날 사람은 만난다〉 결과자료집 「우리도 해보고 있다. 우연히, 작게, 문득, 계속」을 바탕으로 작성되었다.

2시간 프로그램이 익숙하지만

나에게도 종종 장애인 예술교육 진행에 대한 제안이 들어온다. 주로 학교나 문화시설에서 단기성 사업으로 예술교육을 기획할 때 연락이 오는데 사실상 그 형식은 '회당 2시간 정도의 프로그램'이다. 그 형식이 예술교육 혹은 예술 활동을 하는데 가장 적합한지, 참여자 입장에서 생각해 보면 여러 질문이 생긴다. 지속적 운영이 어려운 경우 더욱 그렇다. 하지만 기관의 일반적인 운영 구조 안에 예술도 넣으려면 결국 여러 프로그램 중 하나로 예술의 형태나 방식도 재설정되어야 한다는 것을 잘 알고 있다. 그것은 쉽게 바뀌기 어려운 현실인데 그럼에도 그 부분에 대한 해체와 실험이 중요하다고 생각해서 나는 다른 방식도 시도해 보고 관련 사례도 조사했었다. 하지만 그 경험이나 결과를 바탕으로 다시 강의를 하면 현장의 예술교육가들로부터 비슷한 의견을 듣곤 했다.

"저는 결국 복지관 가서 2시간 프로그램 해야 해요"

같이 좀 모르자

**"제가 수업을 나가는 기관에서는 그런 실험적인 방식으로
활동할 수가 없어요"**

　　　　예술교육가가 일반적인 프로그램 형태를 긍
정하거나 그것의 가치에 공감하기 때문에 오랜 시간
그 형식을 선택해 온 것은 아니다. 단지, 여러 기관에
적용 가능한 형태로 프로그램이라는 틀이 유지되고
있고 그것을 자유롭게 바꿀 수 없는 위치에서 예술교
육가들이 활동하고 있다. 예술교육가에게도 프로그램
에 익숙해져야 하는 이유가 현실 속에서 강하게 작용
하고 있는 것이다.

　　　　그리고 장애인 예술교육을 상상하고 준비하
고 진행하고 되돌아보는 방식 역시 프로그램이라는
틀을 중심으로 결정된다. 예술교육가는 먼저 계획안
을 써야 한다. 실제 현장의 표현으로 하자면 '계획을
짜야 한다'. 현실적 상황에 따라 계획은 매우 자세하고
확정적이어야 하는 경우도 많다. 재료를 미리 구입해
야 하는 경우 참여자의 반응을 고려하지 못한 채 계획
된 재료를 준비해 두고 그것을 바탕으로 활동도 해야
한다. 현장에서의 진행도 사전에 세운 계획의 시간적

순서를 바탕에 둔다. 참여자가 각기 다른 속도와 관심에 따라 활동을 할 때 그 양상이 너무 다양해져서 계획에 차질이 생기면 예술교육가의 마음이 조급해지기도 한다. 상황에 따라 다음 시간에 해볼 만한 것을 새롭게 기획하는 것도 쉽지 않다.

그렇다면 이렇게 활동이 끝난 후 예술교육가는 무엇을 기준으로 자신의 교육 현장을 되돌아볼 수 있을까. 사실상 계획 대비 실행의 정도가 중요한 기준이 되는 경우가 많지 않을까. 계획안 속 언어들로 시작된 프로그램 안에서 예술교육가는 점점 무엇에 익숙해지고 있을까.

나 역시도 세세한 계획안을 빨리 제출해달라는 누군가의 요청을 자주 경험한다. 바쁜 그 사람을 붙잡고 장애인 예술교육에서 다른 접근도 필요하지 않냐고 질문하거나 설득을 하는 것은 현실적으로 쉽지 않다. 또한 내가 그런 의견을 내볼 수 있는 입장은 되지만 사실상 운영 방식을 바꿀 권한은 없을 때도 많다. 그럼에도 나는 몇 가지를 시도해 보고 있다.

일단 최대한 열린 계획을 세우는 데에 집중한다. 현재 계획이 매우 자세해 보이지만 그 구체성도 현

같이 좀 모르자

장 상황에 따라 얼마나 바뀔 수 있는지를 계획안 어딘가에 꼭 명시한다. 특히 결과물이 나오지 않을 수 있음을 전제하는 계획도 시도한다. 이때에는 과정 중심의 활동을 기획한 의도를 아주 세세하게 명시한다. 앞서 여러 글에서 언급한 개별성, 유연성, 즉흥성, 예술의 비언어적인 요소 등을 이야기하기도 한다. 또한 과정 중심의 활동이 예를 들면 어떤 의미나 성과도 만들어낼 수 있는지 계획안에 써넣는다. 하지만 계획 중심의 접근이 아닌 더 넓은 의미의 시도를 언젠가는 더 많이 해보고 싶다는 바람을 가져본다.

그리고 일반적인 것이 나에게도 우선적인 선택이 되지 않아야 한다는 생각을 한다. 내가 무언가에 익숙해지는 이유가 현실적 상황 때문이기는 하지만 그 이유에 내가 얼마나 동의하고 있는지에 대해서도 생각해 본다. 이미 정해진 것들이 지속되는 이유는 분명히 있지만 그것을 벗어나려는 질문들이 나에게도 지속되고 있어야 한다.

쉽고 딱 떨어지고 안전하게?

예전에 한 특수학교에서 방과후 미술반을 맡아서 진행하던 시절, 나는 여러 재료를 가방에 들고 다녔다. 활동이 끝날 때쯤에는 참여자들이 만든 작업물을 늘어놓지 못함에 아쉬워하며 교실 곳곳을 청소했다. 그러다 어느 날 학교에 미술실이 생기게 되어 이제 좀 더 자유롭게 여러 활동을 할 수 있을 것이라고 기대했다.

하지만 새로 만들어서 더 깨끗했던 미술실은 그 이유로 인해 더욱 깨끗하게 유지되어야 했다. 재료는 더욱 착착 열을 맞춰 정리되어 있어야 했고 작업물을 잠시 어딘가에 늘어놓고 전시하는 것도 어려웠다. 학교의 여러 상황들 때문이기는 했지만 미술 혹은 예술은 더욱 딱 떨어지는 활동과 결과물로 마무리되어야 했다.

그리고 그 방식은 쉬워야 했다. 정해진 시간 안에 참여자 누구나 작은 작품을 만들어내는 것이 중요했기 때문이다. 그래서 재료는 일반적인 것, 견고한 것, 쓸모가 명확한 것, 사용 방법이 용이한 것, 너무 낯설지 않은 것을 선택해야 했다. 그 기준을 벗어난 재료들을 준비했을 때 참여자가 '이걸로 뭘 해야 하나' 망설이는 순간은, 그 활동을 바라보는 다른 사람들에게 지지 받기 어려웠다. 낯선 재료를 한 번 만져볼까, 꼬아볼까, 비벼볼까, 당겨볼까, 그러다가 무언가를 해볼까, 어렵네? 그럼 잠시 다른 걸 해볼까, 옆 사람은 이렇게도 하네? 그럼 나도 따라 해볼까, 역시 어렵네? 그래도 다시 해볼까… 참여자의 더듬거리는 손끝, 외면하려는 눈빛, 다시 시도해 보려는 움직임, 그러다 실패도 해볼 수 있는 권리는 '딱 떨어지지 않는' 표현 방식의 일부로 판단되어 애초에 시작되지 못하기도 했다. 대체 이런 재료들로 뭘 만들 것인지 쉽게 그려지지 않는다는 이유로 말이다. 참여자가 무언가를 만들어내는 것이 활동의 목적은 아니었는데 그럼 무슨 목적으로 특히 '미술반'을 운영할 것인지에 대한 나만의 설득 근거가 필요하기도 했다.

　　왜냐하면 참여자가 장애인이라는 이유로 예술교육에서도 주로 쉽고 간편한 방법들이 전제되었기 때문이다. 참여자가 따라 할 수 있는 것이 중요한 기준이 되기도 했는데 물론 이 부분도 중요하지만 그것이 전부가 되는 것은 '예술적' 활동과 거리가 있었다. 익숙하지 않은 것, 어려운 것도 해보며 예상하지 못한 것, 쉽게 되지 않는 것도 충분히 해보는 경험은 예술 기반 활동에서 중요하다. 그러한 경험이 쌓여야 그 이후에 해보고 싶은 것을 더 넓은 범위에서 선택할 수 있고 뻔하지 않은 방식으로 자신의 표현 언어를 모색할 수 있다. 많이 서성이고 주춤댈 수 있는 권리가 예술교육에서 필요한 것이다. 하지만 주로 안전한 환경에서 쉬운 것들을 제공받았던 장애인에게 예술교육마저도 그중 하나로 인식되는 경우가 많다. 오히려 예술이기 때문에 언제나 쉽고 밝고 재밌고 심지어 대중적일 수 있을 거라는 막연한 기대가 작동하기도 한다. 물론 예술에는 다양한 요소가 존재하는데 예술교육이 그중 어떤 부분에만 치우치지 않는 접근이 중요하다. 어떤 능력을 향상시키거나 효과를 보여주거나 결과물을 만들어내는 데에 다른 영역이 이미 많은 역할을 하고 있다면 예술교육은 장애인에게, 아니 사람에게 조금 다른 경험의 기회를 만들어야 하지 않을까.

그리고 그것을 제안하거나 진행하는 방식이 언제나 친절하고 정확해야 하는지도 질문이 필요하다. 교육이지만 예술에 대한 활동이다. 참여자가 무언가를 할 수 있는 방법을 너무 구체적이고 정확하게 가르쳐 주는 것은 참여자의 예술적 탐색, 개별화된 표현과 실험에 장애물이 되기도 한다. 각자의 속도와 감각을 바탕으로 상상할 수 있는 여지가 남겨져 있어야 참여자가 자발적 참여로 더 자연스럽게 나아갈 수 있다.

물론 덜 확정적이고 덜 간편한 순간이 예술교육에서 중심이 되어야 하는 것만은 아니다. 단지 그러한 영역도 일부 남겨져 있어야 참여자가 예술의 다양한 측면을 경험할 수 있다. 그 과정에서의 현실적 어려움은, 일반적이지 않은 표현 방식의 의미를 관계자에게 설명하거나 설득하는 것인데 이것은 생각처럼 쉽지 않다. 사람마다 예술관이 다르고 그것을 바탕으로 예술이나 예술교육에 기대하는 것이 다르기 때문이다. 나 역시 어느 날은 미리 관계자를 만나서 의미를 길게 설명하기도 하고 어느 날은 한두 장의 인쇄물로 활동의 맥락을 정리해서 전달하기도 한다. 이것이 언제나 효과를 발휘하지는 않는다는 것을 나는 경험으로 잘 알고 있다. 그리고 그 현장에서 장애인 예술교육이 이루어지고 있음도 안다. 알고 있기 때문에 할 수 있는 것의 기준을 낮출 때도 있지만 해야 하는 것이 많다는 것도 사실 더 잘 알고 있다.

쾌적하지 않은 환경에서 흐물흐물 감각하기

장애인 예술교육은 참여자마다의 신체적 조건, 감각의 방식을 고려하여 오감 활동 중심으로 이루어지는 경우가 많다. 감각 놀이나 직관적이고 본능적인 표현 활동의 시도가 많은 것이다. 나 역시 소리를 듣거나 촉감 놀이를 하거나 음식을 만들어 먹거나 진동을 느껴 보는 등의 활동을 많이 해오고 있다. 그런데 4년 전 대도시에서 시골 마을로 이주를 한 후에 과연 내가 충분히 감각하기를 하고 있는지, 정말 다양한 감각 활동을 예술교육 안에서 제안해 볼 수 있는 삶의 경험이 있는지 질문이 생겼다.

　　뜨겁게 손등을 때리는 햇살, 까슬까슬한 덩굴의 줄기, 강력하게 콧속으로 들어오는 퇴비 냄새, 지붕 위로 쿵 떨어지는 알밤 소리, 바람의 흔적을 보여주는 늦여름의 벼… 예술교육에서 말하던 '오감' 혹은 '감각'은 나에게 훨씬 넓은 범위에서 인식되었고 매우 구체적으로 그려졌다. 시골집을 고치고 오토바이 타며 논두렁을 달리는 날들이 많아지면서 그 경험은 더욱 다채로워졌고 예술교육에서의 '감각하기'에 대한 고

　　　　　　　　　　　　　　같이 좀 모르자

민도 새롭게 시작되었다. 동시에 쾌적하고 편리한 환경에서 주로 살아가고 있는 사람들이 제한된 경험을 바탕으로 다양한 감각 활동을 기획하기 어려운 것은 아닐지 질문도 생겼다. 어쩌면 '감각하기'는 매일 쑥쑥 자라는 잡초들처럼, 불쑥 튀어 오르는 개구리처럼, 슬금슬금 발등을 타고 오르는 개미처럼 낯설거나 불편한 경험일지도 모르는데 말이다.

같이 좀 모르자

2년 전에는 시골에서 60년 된 흙집을 고치며 더욱 구체적인 생각들을 하게 되었다. 몸을 움직여 미세한 노동 행위를 반복하며 여러 가지를 동시에 감각하는 경험을 했기 때문이다. 서툴지만 미장을 하거나 대패질을 하거나 사포질을 주로 하면서 말이다.

　　예를 들어 보통 '대패질을 한다'고 말할 수 있는 행위를 더욱 쪼개어 보면 이럴 수 있다. 어떤 재질과 크기, 무게, 길이의 나무를 가지고 오는지, 손에 그 나무가 어떻게 잡히는지, 어떤 날씨에 어떤 자세로 누구와 어떤 소리를 들으며 대패질을 하는지, 어떤 대패를 선택하는지 등에 따라 너무나 다른 감각과 행위가 뒤따른다. 대패질을 하고 있는 나를 잘 들여다보면 심지어 무엇을 만들겠다는 목적을 가지고 있음에도 그 결과물에 모든 의미를 집중하지 않기도 한다. 대패 사이로 벗겨지는 얇은 나무의 결이 수북하게 쌓이는 것을 즐기거나 대패질 소리에 집중하거나 조금씩 욱신거리는 어깨와 팔의 근육에 신경을 곤두세우는 등 여러 방향으로 감각을 열기도 한다.

　　미장을 하는 과정도 시멘트 반죽을 펴서 바르는 순간만을 포함하지 않는다. 벽에 붙은 이물질이나 본드를 도구로 긁어낼 때에도 생각보다 훨씬 부드럽고 시원한 느낌을 받는다. 언제나 예상 밖의 '감각하기'가 몸의 이곳저곳에서 일어난다. 쉽게 접근 가능한 정보들이 시각적, 청각적 자료들로 넘쳐나다 보니 내가 경험해 보지 못한 것까지도 그것을 '알고 있다'고 여기게 되는데 그 예상 밖의 무엇이 몸을 자극하는 것이다.

이러한 경험을 예술교육과도 연결하자면 '교육 참여자가 무언가를 감각하는 상태를 과연 예술교육가가 알고 있다고 전제할 수 있을까'라는 질문도 생긴다. 각자의 '감각하기'를 시도하거나 활성화시키는 지점이 사람마다 다르고 그 미세하고도 다양한 차이를 한 사람이 예측하기 어려울 경우 어떤 질문을 이어갈 수 있을까. 제각각의 표현 행위와 '감각하기'가 예상 가능한 정보나 자료가 아니라 개별화된 빈칸으로 전제된다면 예술교육가는 그 빈칸에 이름을 붙이는 접근 이외에 어떤 태도를 취해볼 수 있을까.

이러한 질문들을 바탕으로 2년 전에는 그 흙집에서 장애인 예술교육을 하고 있는 사람들을 모아 1박 2일 캠프를 열었다. 쾌적하지 않은 시골집에서 흐

같이 좀 모르자

물흐물한 스케줄로 '감각하기'에 대한 시간을 마련한 것이다. 8명의 사람들이 함께 공간에 머물며 자연을 느끼고 밥을 해먹고 불멍을 하고 느낀 것에 대해 대화를 나누었다. 캠프 참여자들은 조용한 시골집에서 각자의 탐색 시간을 보내며 작은 무언가를 해보기도 하고 무언가를 하고 싶게 된 자신을 발견하기도 했다. 가만히 새소리를 듣기도 했고 빗물이 떨어지는 걸 보고만 있기도 했고 뾰족뾰족한 밤송이를 발끝으로 건드려보기도 했고 개천에서 배를 타기도 했고 잔가지들을 꺾어 불을 지피기도 했고 둥그렇게 말린 강아지 꼬리를 만져보기도 했고 낮게 내려앉은 새벽 공기의 냄새를 맡기도 했다.

그리고 캠프에서는 많은 것을 계획해서 실행하려고 하지 않았다. 오히려 '하지 않음'이 만들어내는 '보게 됨', '하고 싶게 됨', 그래서 '하게 됨'을 참여자들과 실험하였는데 그것은 각자를 향한 질문이 되었다. '감각하기'가 가능한 빈칸이 열릴 때 예술교육가에게는 무엇이, 어떻게 촉발되는지 조금씩 지켜보게 되었다. 그래서 특별히 어떤 활동이나 공동의 프로젝트를 하지 않았는데 캠프가 끝난 후 대부분의 참여자들이 각자에게 필요한 시간을 가질 수 있었다고 이야기했다. 장애인 예술교육은 어떤 방향으로 나아가야 할지에 대한 질문은, 어쩌면 예술교육가에게 어떤 경험과 시간이 먼저 마련되어야 하는지에 대한 질문으로부터 시작될 필요가 있을지도 모른다.

* 이 글은 2022년 한국문화예술교육진흥원 장애인 비대면 문화예술교육 프로그램 개발 및 활성화 지원사업 〈만날 사람은 만난다〉 중 캠프 "밤밤밤" 기록을 바탕으로 작성되었다.

같이 좀 모르자

방법이 될 수도 있는 태도

조금씩, 비워두며

예술교육가의 고민이 많아지고 예술교육 관련 사업이나 운영 구조는 크게 변하지 않을 수록 오히려 현장에는 더 많은 할 일, 계획, 방법, 기대감이 생겨난다. 장애인 예술교육에 대한 다양한 사례가 조명을 받거나 외부에 소개될 필요가 생기면 더 차별화된 기획, 진행 방식이 요구되는 것처럼 말이다. 독특한 표현 도구나 방법론이 성과의 기준이 되기도 한다. 그 상황 안에서 어떤 역할을 해내야 하는 사람들은 여유로운 태도를 유지하기 어렵고 여러 요소를 촘촘하게 채워 넣어 예술교육을 해야 할 것 같은 부담도 갖게 된다.

나는 예술교육 현장에서 주로 그 부담감이나 불안감을 목격한다. 내 안에서도 그것을 발견한다. 그리고 예술교육가는 이러한 상황 속에서 주로 어떤 장치나 방법을 추가하는 선택을 하게 된다. 어떤 경우에는 참여자가 자기 속도를 유지하기 어려울 정도로 많은 참여 방식을 활동 안에 미리 배치하고 안내한다. 그것을 다 해내야 그날의 예술교육이 의미 있게 진행된 것 같다고 예술교육가 스스로 안도하기도 한다. 그러

같이 좀 모르자

니까 실제로 참여자가 그것을 원하기 때문에, 혹은 그것이 참여자 입장에서 고려되었기 때문이 아니라 진행하는 사람이 불안하거나 무언가를 보여줘야 할 것 같아서 여러 활동을 하는 것이다. 그로 인해 복잡해진 활동들은 다소 조급한 진행, 일방적인 추진 방식을 만들기도 한다. 많은 것을 준비했으니 그것을 빠짐없이 해내는 것이 가장 중요해지는 것이다.

　　이럴 경우 참여자의 개별성, 미세한 표현 행위를 궁금해하거나 관찰할 수 있는 시선도 마련되기 어렵다. 여유나 빈칸이 없는 예술교육은 각기 다른 개별성이 드러날 수 있는 열린 장소가 되지 못한다. 그렇기에 어떤 면에서 예술교육 현장에 필요한 것은 조금씩 천천히 할 수 있는 여유를 유지하는 것이다. 너무 많은 것을 계획하지 않는 것, 참여자가 스스로 해석해서 채울 수 있는 빈칸을 긴 시간 확보하는 것, 그때 예술교육가도 같은 호흡을 유지하도록 여유를 갖는 것. 어쩌면 이것이 가장 어려운 일일지 모른다. 무언가를 좀 안 하며 시선과 태도를 유지하는 것, 교육적 방법론을 설계하고 프로그램을 개발하는 것과는 정반대 방향으로 해봐야 하는 것, 기획하고 추진하는 것이 익숙한 상황에서 아예 다른 관점을 가져보는 것.

그것은 매우 중요하다. 비워둔 자리에서 무언가가 포착되는 경우가 많기 때문이다. 누군가의 눈빛, 움직임, 감정, 정서, 목소리, 의견, 표현 등을 보려면 그것을 볼 수 있는 시간과 마음이 존재할 수 있어야 한다. 천천히 발견한 것을 바탕으로 다음을 상상하기 위해서도 그 자리는 중요하다.

17년 전, 처음으로 장애인 예술교육을 접하며 현장을 보조하고 사진 촬영만 하던 나 역시 그때 가장 많은 것을 보았고 생각했다. 당장 현장 진행의 부담으로부터 멀리 떨어진 위치에 있었기 때문이다. 아주 작은 것까지 볼 수 있었던 감사한 순간이었다.

많은 것을 한꺼번에 보고 다음에 적용하기 위해서가 아니라 작은 것도 그 모습 그대로 궁금해하기 위해, 비워져 있는 시간이 필요하다. 작은 것들 안에 이미 많은 이야기가 있다.

같이 좀 모르자

계획할 수 없는 것도 있다

장애인 대상 사업이나 프로그램은 주로 '장애인에게 도움이 될 것으로 여겨지는 확정된 내용의 확산 및 보급'의 형태를 띤다. 장애인은 사회의 다양한 참여 기회로부터 소외되어 있는 취약 계층, 또는 복지의 대상으로 전제되는 경우가 많기 때문이다. 그러나 장애인은 언제나 부족한 부분을 제공받아야 하는 존재가 아니다. 또한 예술 활동과 같이 자기표현이 중요한 영역에서는 장애인도 보다 주체적인 참여자로 위치될 필요가 있다. 이에 따라 동일한 콘텐츠나 프로그램, 방법론 등을 여러 현장에 전달하는 것이 아니라 현장마다 포착되는 개별적 욕구와 가능성을 바탕으로 활동을 재탐색하는 것이 중요하다. 또한 새롭게 기획된 활동도 참여자의 개별성에 따라 매회 수정될 수 있음을 적극적으로 인정하는 것이 무엇보다 중요하다.

그러나 최근 예술교육은 안정적 운영을 핵심 요소나 성과로 두는 경향이 있어 확정된 계획안을 바탕으로 촘촘하고 단계적인 운영을 하는 경우가 많다. 그런데 이러한 경우, 장애인의 개별화된 움직임이나 반응은, 계획된 내용에서 벗어나는 행위, 또는 틀리거나 이상한 참여의 순간으로 판단될 수 있다. 따라서 장애인의 개별성이 만들어내는 즉흥성, 불확정성을 있는 그대로 인정하고 그 의미나 가능성을 들여다보는 과정이 필요하다.

이러한 맥락을 바탕으로 나는 2023년에 한 문화재단의 예술교육 사업에 연구원으로 참여하였다. 회차 당 5명의 장애인(아동, 청소년)과 5명의 보호자가 2시간 동안 함께 참여하는 방식이었다. 10회차 프로그램의 큰 흐름은 사전 기획을 하되 언제든 그 내용과 방식이 현장마다 바뀔 수 있음을 전제하였다. 이 프로그램은 시각적 요소와 청각적 요소를 결합한 놀이 활동을 주요 맥락으로 기획되었다. 그 흐름은 다음과 같다.

차시	주요맥락
1차시	조형 활동을 통한 탐색, 자연스러운 듣기로 시작하기
2차시	사물의 소리 탐색 1 : 적극적 듣기의 시작
3차시	사물의 소리 탐색 2 : 적극적 소리 탐색, 듣는 환경의 다양화

같이 좀 모르자

4차시	놀이 방식으로 소리 탐색하기
5차시	
6차시	
7차시	소리 나는 놀잇감 만들기 : 소리 나는 놀잇감으로 놀아보기
8차시	
9차시	함께 소리내기
10차시	

이 정도의 흐름을 공유하면서 그것조차도 현장 상황에 따라 수정될 수 있음을 전제하였다. 예를 들어 4, 5, 6차시의 활동이 현장에서 더욱 지속될 필요성이 발견되면 7, 8차시까지 이어서 진행하기도 했다. 중요한 것은 그 이유와 맥락, 수정해서 해본 활동의 내용 등을 기록하고 그 의미를 언어화하는 것이었다. 계획한 것이 얼마나 어떻게 추진되었는지에 집중하는 것이 아니었다.

이 프로그램은 동시에 10개 반에서 운영되었다. 그리고 예술교육가들이 계획을 적극적으로 수정하는 것을 지지하였고 이에 따라 장애인의 개별성에 집중하는 것이 본 프로그램에서 가장 중요하다는 점을 사업 내에서 공식화하였다. 프로그램의 이러한 방향성을 설명하는 자리를 강의와 함께 별도로 진행하기도 했다.

　　이러한 시도는 계획할 수 없는 것도 있다는 것, 계획을 변경하는 것도 의미가 있다는 것을 보여주기 위한 것이었다. 실제로 여러 강의 현장에서 예술교육가들은 "계획한 걸 수정하면 안 될 것 같아서"라는 말을 많이 했다. 그러니까 참여자의 개별성, 현장 상황의 특수성이 발견되더라도 계획의 유지 자체가 우선적으로 고려되어 다른 방식으로의 활동 전환을 하지 못한다는 것이다. 이것은 계획을 중심으로 예술교육의 이해관계자들이 사업을 협의, 결정했다는 현실적 배경 때문이기도 한데 그것의 수정 범위를 사전에 논의한다면 더욱 효율적이고 자연스러운 진행이 가능하다.

　　그리고 세세한 계획보다 '계획성' 자체를 이해관계자들에게 공유하는 것도 필요하다. 계획을 공유하는 것은 하루하루 무엇을 어떤 방식으로 할지 확정해서 (심지어 분 단위로 쪼개어) 전달하는 것이다. 하지만 계획성을 공유하는 것은 '이 활동의 전반적인 흐름이 이러한데, 혹은 구체적이기도 한데 그럼에도 변경 가능성이 있다. 그 변경의 방식은 예를 들어 이런 것도 있다. 그 예시를 구체적으로 이렇게 몇 가지 고려해 볼 수 있다. 그것을 염두에 두고 활동을 할 것이다'는 것을 사전에 설명하는 것이다. 그러니까 막연하게 '이런 활동을 자유롭게 수정하며 진행할 테니 믿으시면 된다'는 태도가 아니라, 최소한의 계획과 그것의 변경 방식을 예술교육가가 예측하고 있음을 공유하는 것이다. 그것은 교육 현장에 대한 이해관계자 간의 신뢰를 만드는 데에도 중요하게 작동한다.

실제로 위에서 언급한 10차시의 프로그램도 소리를 탐색하거나 놀잇감을 만드는 방식이 매 회차별 구체적 예시로 관계자들에게 공유되었다. 이 활동을 할 것이라는 계획이 아니라 '이런 것도 할 수 있다'는 가능성을 구체적으로 제시한 것이다. 예를 들면 다음과 같은 내용을 차시별로 설명하였고 동시에 이것이 수정될 수 있음도 강조하였다.

* 4-6차시 활동 : 나무 도형 조각을 활용해 소리와 모양을 탐색하며 몸으로 놀기

○ 소리 예시 : 나무 도형 조각을 들고 부딪혀보며 소리 듣기

- 활동 예시 1 : 나무 도형 조각을 쌓거나 우르르 무너뜨리며 자유롭게 소리와 모양 탐색하기

- 활동 예시 2 : 나무 도형 조각으로 바닥에 구체적인 모양만들기. 한 명은 앉거나 눕고 주변으로 조각을 놓으며 놀기

- 활동 예시 3 : 나무 도형 조각 중 가운데 구멍이 뚫린 조각들에 끈을 꿰어서 공간에 설치하는 등 다양한 시각 활동 시도하기

　　　그럼에도 나는 이러한 내용으로 강의를 할 때 "정말 바꿔도 되나요?"라는 질문을 예술교육가들로부터 자주 듣는다. 어떤 요인들이 예술교육가에게 이러한 부담감 혹은 머뭇거림을 만들어냈는지 궁금해진다. 사실 계획을 바꿀 수밖에 없다는 것은 다수가 공감

　　　　　　　　　　　　　　　　　같이 좀 모르자

하지만 실제로 그렇게 하기 어렵다는 이유들이 더 자주 언급된다. 하지만 그 이유들의 강조로 인해 예술교육가에게도, 교육 참여자에게도 자연스럽지 않은 순간들이 이어지는 것은 아닐까. 이제는 현실적 이유를 분석하는 것을 넘어 다른 시도가 필요하다는 주장과 구체적 실험이 필요하다.

* 이 글은 2023년 천안문화재단 발달장애인 예술교육 프로그램 〈미소 창작소〉 연구 원고를 바탕으로 작성되었다.

유연성을 지지하는 규칙의 선언

교육 현장에서 수정과 변경을 적극적으로 하기 위해서는 무엇보다 예술교육가의 유연한 태도가 중요하다. 그런데 내가 여러 현장을 보거나 예술교육가들과 대화를 해보니 사실상 그 유연성이 가장 어려운 것으로 느껴졌다. 예측할 수 없는 일이 벌어질 때, 참여자의 낯선 반응이나 표현 행위를 마주할 때 '그럴 수도 있다'고 생각하거나 그 자체로 의미가 있다고 인정하며 더 넓은 시도를 스스로 해보는 것. 그런 유연성은 안전과 성과가 동시에 요구되는 예술교육 현장에서는 더욱 어려운 과제가 되기도 했다. 그래서 많은 예술교육가들이 유연함을 유지하는 데에 안전장치가 필요하다고 말하기도 했다. 그러한 요소가 없는 상태에서 한두 명의 의지만으로 이럴 수도 있고 저럴 수도 있는 열린 활동은 시도되기 어렵다는 것이다.

　　나 역시 그러한 상황을 자주 경험하고 있는데 내 경우를 되돌아보면 유연한 진행에 대해 사전에 얼마나 안내가 되었는지를 떠올려보게 된다. 다양한 참여나 진행의 가능성을 나만 의미 있게 생각하고 그것을 교육 참여자나 관계자에게 자세히 공유하지 않은 채 그 흐름을 공감해 주고 있기를 바랐던 것은 아닐까. 실제로 교육 현장에서 특히 보조자, 실무자, 활동가 등과 유연한 진행의 의미를 이야기하면 '그래도 되는 건가요?', 혹은 '그것도 의도한 건가요?'라는 반응을 듣게 된다. 즉, 유연성을 고려한 예술교육이 계획도 의도도 없는 막연한 접근이 아니라는 것, 그 안에 오히려 참여자를 염두에 둔 태도가 깔려있다는 것을 상호 공감하는 과정이 필요하다.

이것은 앞선 글에서 언급한 것처럼 계획 대신 계획성을 예시와 함께 공유하는 것과도 연결된다. 또한 교육 참여자와 예술교육가가 '의지할 수 있는 장치'로서 공동의 규칙을 사전에 공지하는 것도 가능하다. 굳이 '의지한다'는 표현을 쓰는 것은, 예술교육 현장에서 많은 사람들이 '오늘 할 일'이나 '계획된 것'에만 의지하고 있다고 느꼈기 때문이다. 참여자가 어떤 반응을 하든, 교육 현장에서 새로운 흐름이 형성되든, 다른 활동으로의 전환이 필요하든 그저 오늘 하기로 했던 무언가를 하는 것이 중요한 것이다. 왜냐하면 그렇게라도 해야 교육 현장이 큰 문제 없이, 도드라지는 이슈

없이 흘러가는 것으로 판단되기 때문이다. 그래서 교육 참여자 누군가가 다소 엉뚱해 보이지만 솔직한 표현을 했을 때, 그것이 더 확장된 활동으로 나아가지 못하고 계획된 활동으로 되돌아오거나 축소되는 경우도 많다.

그렇다면 그 외에 다른 요소에 의지할 수 있다면 어떨까. 교육 현장에 있는 모두가 어디까지 자유로울 수 있는지, 어디까지 계획을 벗어나도 되는지, 그 과정에서 무엇은 꼭 지켜야 하는지 등의 규칙에 의지한다면. 이 규칙은 예술교육가가 중요하게 생각하는 현장의 요소를 공식화하는 선언이기도 하고 구체적으로 공지하는 것이기도 하다. 그렇기에 그 내용과 범위는 현장 상황이나 활동의 의도에 따라 매우 다양할 수 있다.

내가 했던 활동을 예로 들자면, 장애인과 비장애인이 함께 참여하는 초등학교에서의 활동을 이야기할 수 있다. 1, 2, 3학년 14명의 학생들이 동시에 참여하는 현장이었는데 매우 활발하고 자기 이야기를 많이 하고 싶어 하는 참여자가 많았다. 다소 산만하다고 보일 수도 있는 현장이었지만 나는 개인적으로 그러

같이 좀 모르자

한 분위기가 자발적이고 적극적인 표현 활동에 긍정적 영향을 준다고 판단하여 다채로운 표현이 가능하도록 규칙 혹은 주요한 요소를 공지했다. 그것은 참여자의 눈높이에 맞춰 '우리가 더 재미있게 활동할 수 있는 방법' 등으로 표현되었다.

이를테면 교실의 그 어떤 곳에 가서 활동을 해도 상관없다는 점(그래서 교실 한쪽에는 커다란 천막천을 깔아서 누군가 엎드리거나 누워서 활동을 할 수 있도록 하였다), 여러 표현 도구가 있는데 모든 것을 다 써야 하는 것은 아니라는 점, 천천히 재료나 도구를 만져보다가 시간이 많이 흐른 후에 무언가를 해봐도 된다는 점, 완성품을 만들어내지 않아도 된다는 점, 그 과정에서 재료를 친구와 나눠서 쓰는 것이 중요하다는 점, 자유롭게 활동을 하다가 예술교육가에게 궁금한 것을 언제든지 물어볼 수 있다는 점, 힘들면 쉬었다가 할 수 있으며 화장실에 갈 때에는 예술교육가에게 이야기를 해야 한다는 점, 우리에게는 총 1시간 30분의 시간이 있으며 끝나기 10분 전에는 안내를 할 것이라는 점, 그때는 아쉽더라도 각자의 활동을 멈추고 정리를 해야 한다는 점, 그것이 잘 지켜지면 우리가 더

즐겁게 활동을 할 수 있고 미처 하지 못한 활동은 다음 시간에 이어서 할 것이라는 점. 결국 참여자가 여러 선택을 할 수 있고 그 과정에서 공동의 약속을 지켜보자는 제안을 구체적으로 언급한 것이다.

　　그리고 이것은 교육 현장을 보조하거나 참여 관찰하고 있는 이해관계자에게도 이 활동의 흐름을 공지하는 것이기도 하다. 이런 내용 공유 없이 중간에 참여자가 누워있는 것을 예술교육가가 그저 웃으며 바라보고 있는 것과, 주요 흐름이나 규칙을 공지한 후 예상되었던 순간을 모두가 경험하게 되는 것은 큰 차이가 있다. 산만하거나 너무 자유로워 보이는 순간들이 그 자체로 의미가 있다, 활동의 큰 맥락에서 의도

한 것이기도 하다고 선언하는 것은 그래서 매우 중요하다. 그것은 예술교육가를 포함한 현장의 사람들이 다양한 순간들을 마주할 때 기댈 수 있는 장치로 역할을 할 수 있다. '그래, 저럴 수 있다고 했었지', '그걸 누군가는 의도했거나 예측했던 거니까 이게 지금 큰 문제는 아니겠지'라는 생각이 먼저 들 수 있기 때문이다. 그리고 최소한의 규칙을 함께 지켜나갈 때 더 흥미롭고 자연스러운 활동이 가능하다는 것이 현장에 있는 다수에게 체감될 때 예술교육에서 유연한 태도가 중요하다는 것을 그중 일부가 조금씩 공감하게 된다. 여러 선택지가 있어야 참여자가 그중 무언가를 하고 싶게 된다는 감각, 그 선택지가 다소 넓은 범위로 제시되어도 진행상 큰 문제가 생기는 것은 아니라는 경험, 하고 싶은 것은 조금씩 혹은 자주 바뀔 수 있다는 인식 등이 현장 사람들에게도 의미화되는 과정이 필요하다. 역시나 많은 할 일을 배치하고 추진하는 것 이전에 빈 칸을 남겨두고 선택의 방향과 범위를 안내하는 것이 유연한 활동을 위해서도 중요하다.

역할의 여러 모습

예술교육가의 여러 태도나 시도에 대해 생각하다 보니 교육 현장에서 예술교육가는 그 역할에만 집중해야 할까 하는 질문도 생긴다. 한편으로 현장이 예술교육가에게도 놀이터이자 자연스러운 장소가 될 수 있다면 어떨까. 누군가가 재미있게 놀고 있으면 그 현장에 있는 다른 사람들도 덩달아 함께 하고 싶게 되듯이 말이다.

그런 측면에서 예술교육가가 활동의 진행자로만 존재하지 않고 적극적인 참여자로 등장하는 것도 고려해 볼 수 있다. 활동의 흐름을 낯선 방향으로 이끄는 존재, 이상하고 미세한 표현 행위도 직접 하며 보여주는 존재, 그것을 잘 해낸다기보다는 즐기고 있는 존재, 그래서 그 행위를 따라하고 싶게 만드는 존재가 되는 것이다.

이와 같은 맥락에서 나는 다른 예술교육가와 둘이 교육을 진행할 때 각자의 캐릭터를 바탕으로 활동에 참여하고 있다. 나는 (실제로 말하거나 진행하는 것을 좋아해서) 전반적인 진행에 집중하고 다른 예술교육가인 A는 적극적인 참여자가 되어보고 있다. 교육 참여자가 비슷한 표현을 반복하거나 익숙한 활동만 선택하려고 할 때 A가 다른 방향성의 표현 행위를 하며 관심을 틀어본다. 또는 쉽게 상상하기 어려운 표현 방식을 A가 구체적으로 보여줌으로써 교육 참여자들이 호기심을 가지고 은근히 그것을 따라해 보게 만든다. A는 이러한 과정에서 오히려 말을 거의 하지 않는다.

"이렇게 따라해 보세요"라는 안내 대신 '같이 어울려보고 싶은 상황' 자체를 적극적 참여자인 예술교육가가 만들어버리는 것이다. 이럴 경우 보다 자연스럽고 동등한 분위기나 관계가 생긴다. 또한 교육 참여자가 활동의 내용을 논리적, 단계적으로 이해하며 쫓아간다기보다는 흥미로워서 따라가 보는 방식으로 참여를 해나갈 수 있다. 보다 쉽게 표현하자면, 예술교육가가 아이디어 넘치는 개구쟁이, 자신감 넘치는 행위자, 같이 놀고 싶은 친구 등으로 활동에 참여하며 분위기를 이끄는 것이다.

이를 통해 예술교육가는 교육 현장에서 활동의 진행자로만 기능하는 것이 아니라 자기 자신으로 존재하는 것을 시도할 수 있다. 또한 예술교육가가 자신만의 눈빛, 제스처, 목소리, 소통 방식을 드러낼 수 있어야 문화적, 예술적 의미가 더욱 살아있는 교육 현장이 마련될 수 있다. 예술교육가가 자신에게 자연스럽지 않은 숙제를 해내듯이 진행 자체에만 몰두할 경우, 교육 참여자는 예술교육가라는 '사람'과의 교감을 하기 어렵기도 하다. 예술교육가에게도 있는 미묘한 개별성을 교육 참여자가 만날 수 있는 기회도 필요한 것이다. 어쩌면 그것이 가장 예술적인 경험이 될 수 있다.

더 쉽게 표현하자면, 예술교육가가 즐겁고 재미있어야 참여자도 활동에 자연스럽게 참여할 수 있다. 장애인 예술교육에서 이것이 특히 중요한 이유는, 예술교육가가 그 순간을 즐기면 교육 참여자를 같이 놀고 싶은 존재로 인식할 수 있기 때문이다. '어떻게 하면 저 사람도 같이 재미있게 놀 수 있을까'와 같은 접근을 할 수 있는 것이다. 장애인에게 무엇을 조심해서 잘 알려줄까, 전해줄까 등의 접근 대신 말이다.

같이 좀 모르자

넓게 나가는 글

그럼에도 안 되는 것은 계속 있다

나는 이 이야기를 꼭 하고 싶다. 그럼에도 예술교육 현장에서는 계속 안 되는 것들을 만나게 된다는 것을. 나역시 여러 연구를 하고 해외 사례도 조사하고 표현 도구도 제작하고 있지만 계속 매끄럽지 못한 활동, 예측을 벗어난 상황, 누군가의 개입을 마주하고 있다. 그것은 가끔 예술교육가를 힘 빠지게 만든다.

하지만 그건 당연한 것이라는 생각도 든다. 보통 예술교육은 누구를 만날지 모른 채로 기획되고 시작되기 때문이다. 누군가를 만나서 그 사람을 조금 알것 같다는 생각이 들어도 그것은 확신이 되지 못하고다른 어려움 혹은 새로움을 만나게 된다. 결국 참여자에 따라 새롭게 그리고 끊임없이 무언가를 해보는 것이 중요한데 장애인 예술교육에서는 그것을 의미 있게 해석하는 것, 그리고 인정하는 것이 더욱 필요하다. 어쩌면 예술교육가가 그동안 너무 많은 것들을 예측하려고 했고 그럴 수 있다고 전제했던 것은 아닐까. 다른 의미와 방향성이 포착된다면 이제는 그것을 폭넓게 시도 해보는 경험이 필요하다.

같이 좀 모르자

강의 현장에서 나는 주로 후반부에 위와 같은 생각을 이야기한다. 그럴 때면 종종

"근데 저는 사물놀이를 장애인에게 가르치고 싶은데 어떻게 하죠?"

"장애인이 연극을 할 수 있으려면 어떤 방법이 있을까요?"

와 같은 아예 다른 맥락에서의 질문이 되돌아오기도 한다. 이때 살펴봐야 하는 것은 내가 언급한 어려움과 질문에서 전제한 어려움이 어떻게 다른 맥락인지에 대한 것이다.

나는 예술을 기존의 장르나 방법 중심으로 개념화하지 않는다. 그래서 예술을 고정된 요소로 두고 그것을 전달하거나 가르치거나 그것을 할 수 있도록 하는 것에 예술교육의 목적을 두지 않는다. 그래서 그 목적을 달성하는 것의 어려움을 이야기하려는 것이 아니다. 앞선 강의 현장에서의 질문들은 이러한 어려움을 바탕에 두고 있다. 그렇기에 나는 이 질문에 답변하는 것이 어렵다는 주장 이전에, 그 질문이 전제한 관점과는 다른 관점을 더 충분히 논의하자고 제안하고

싶다. 왜 장애인에게 사물놀이를 가르치고 싶은가, 장애인이라고 불리는 그 사람은 그것을 원하는가, 그 사람이 원하는 것이 사물놀이에서의 일반적인 표현 방법인가 혹은 다른 것인가, 그것을 충분히 궁금해한 시간이 있었는가, 이러한 질문을 지속하는 것은 예술교육가에게 어떤 경험이 되는가, 그 경험의 의미를 스스로 들여다보는 것에서 어려움은 없는가. 이렇게 질문을 이어간다면 마지막에 등장하는 어려움은 내가 말하는 어려움과도 어느 정도 겹치게 된다.

나는 장애인이 자기표현을 할 수 있는 환경, 상황, 장소를 만들어나가는 것을 목적으로 두고 여러 요소들을 생각하고 시도해 보고 있다. 그런데 그것이 여전히 어렵고 예측을 벗어난다. 그것은 이제 문제 요소가 아니라 당연한 상황이자 질문의 기회라는 생각이 든다. 그렇기에 같이 오래도록 모름을 인정하며 무언가를 해보자고 더 많은 사람들에게 말하고 싶다.

같이 좀 모르자

인간, 예술 그리고 일반성

비장애인에 비해 예술교육의 기회를 충분히 얻기 어려웠던 장애인의 표현 행위는 오히려 예술을 학습하는 기관이나 시스템 밖에서 이루어져 왔기에 기존 예술계에서는 낯선 개별성을 보여주는 경우가 많다. 이에 대해 날 것의 가치나 야생성이 살아있다고 해석할 수도 있는데 이것의 미학적 가치에 집중하기 전에 인간으로서 장애인의 삶을 향한 질문도 필요하다. 장애인이 일반적인 예술교육 시스템 안으로 들어오기 어렵다는 것은 다양한 자기표현의 권리로부터 멀어져 있다는 의미이다. 더 나아가 장애인은 일반성을 갖춘 예술 관련 기술이나 방법론을 학습하는 시스템 안에서 주로 보호나 관리를 받으며 살아왔기에 야생성, 개별성을 충분히 드러내기 어렵다. 장애인이 자기표현을 다양하게 시도할 수 있는 환경을 찾기 위해 어떤 장소로 이동하거나 누군가를 만나거나 정보를 얻을 수 있는 사회적 조건도 마련되어 있지 않다. 그렇기에 막연하게 장애인의 표현 안에 개별성이나 야생성이 살아있다고만 보는 것은 그러기 어려운 현실을 외면한

과한 의미 부여나 기대일 수 있다.

　　따라서 장애인의 표현 및 창작 활동을 개별성의 맥락으로 바라볼 때는 일반성의 범위를 벗어나는 날 것의 표현 요소뿐만 아니라 학습해 온 일반성을 끊임없이 벗어나려는 이유나 과정도 살펴볼 필요가 있다. 예를 들어, 특수학교나 복지관에서 주로 A4 용지에 출력된 흑백 도안을 색연필로 꼼꼼히 칠하는 이른바 '색칠공부'를 10년 이상 해온 장애인이 있다면 이 사람은 색칠하는 방법의 일반성을 시스템 안에서 반복적으로 학습해 왔다고 볼 수 있다. 그런데 그 사람의 시각적 표현 활동의 대부분이 색칠공부일 때 이 사람은 어떤 자기표현으로 나아갈 수 있을까. 수십 가지의 물감을 마주하고 색을 고르고 칠하고 뭉개고 다시 칠해보는 경험도 매우 낯설지 않을까. 그 과정에서 물감을 종이나 캔버스에 바르는 과정은 다시 일반적 시각 표현을 학습하는 순간이 될 것이다. 하지만 장애인이 그것을 어느 정도 학습해야 다른 표현이 가능할 때도 있고 그 매체에 익숙해지는 과정 자체가 중요한 경우도 있다.

　　그런데 장애인은 사회 구성원으로 살아가기

같이 좀 모르자

위해 주로 제도나 사회 안에서 일반성을 학습하는 것에 매진해야 하는 경우가 많다. 흑백 도안을 꼼꼼하게 칠하는 방법을 학습하는 과정에서 도안을 벗어나는 개별화된 표현 행위는 환영받기 어렵다. 하지만 예술 영역에서는 도안을 칠하는 행위 외에도 그 도안이 과연 필요한가를 질문하거나 각자가 자신의 도안을 그려보는 것도 가능하다. 오히려 실험적이거나 새로운 시도 자체가 더욱 예술적이라는 평가를 받기도 한다. 그렇기에 장애인의 개별성을 예술 영역에서 살펴볼 때는 독특한 표현 자체로만 가치를 부여하는 것이 아니라 그 개별성이 돌출되는 자리와 이유를 들여다봄으로써 표현 과정을 둘러싼 여러 맥락을 함께 살피는 것이 중요하다. 장애인이 만든 작품이기에 개별성이 살아있다는 해석만을 확대하는 것이 아니라 한 사람이 일반성을 학습할 수밖에 없었던 환경에서 남긴 개별성의 흔적들, 그것이 예술 영역에서 어떻게 표현으로 드러나는지를 읽어내는 시선이 필요하다.

10년 전쯤, 고등학교 내 특수학급에서 예술교육을 진행한 적이 있다. 10여 명이 넘는 학생 중 전맹(빛을 전혀 지각하지 못할 정도로 시각 장애가 있는 상태)은 아니었고 최소한 사물의 윤곽 정도를 볼 수 있었던 참여자가 있었다. 그는 만날 때마다 매우 반갑게 내 손을 잡고 인사를 하며 '좋다'는 표현을 했다. 내가 좋은 것인지, 누군가를 만나는 상황이 좋은 것인지, 여러 활동을 하는 그 시간이 좋은 것인지 정확히는 알 수 없었다. 단지 그 참여자가 나를 포함한 예술교육가와 다른 친구들의 얼굴을 그려주는 행위를 통해 그 순간을 정말 좋아하고 있음을 확인할 수 있었다.

그 이유는 그 참여자가 누군가의 얼굴을 그려주는 그 과정과 결과물 때문이었다. 그는 먼저 웃는 얼굴로 천천히 상대방을 바라보았다. 어떻게 얼마나 보고 있는지 알 수는 없었으나 그는 자신의 속도와 관심, 어쩌면 애정을 바탕으로 사람을 보고 있었던 것 같다. 그리고 도화지에 코를 박듯이 고개를 숙이고 정성스럽게 색연필로 동그라미 수십 개를 그렸다. 아니, 그의 입장에서는 얼굴을 그리고 있는 것이었다. 시각적으로는 지름 1-2cm 정도의 동그라미 수십 개가 도화지를 가득 채웠지만. 그리고 다른 활동을 하면서 알게 되었다. 그는 그 무엇을 그리든 (시각적으로는) 동그라미들을 그린다는 것을. 그리는 대상마다 미묘하게 다

른 표현을 했는지 모르지만 나는 그 차이를 발견하지
못했다. 나의 관찰력이 부족했을지도 모른다.

그는 아마도 초등학교, 중학교, 고등학교, 그
리고 일상생활에서 '그리기' 활동을 많이 해왔을 것이
다. 그래서 일반적인 미술 활동에서 제시되는 도화지
와 색연필을 큰 거리낌 없이 선택하게 되었을 것이다.
어쩌면 도화지에 더 많이 그림을 채워 넣으라는 누군
가의 의견을 자주 들어왔을지도 모른다. 혹은 무엇을
그릴 때 잘 보이지 않아도 그 대상을 보고 그리라는 제
안을 받았을지도 모른다. 어쨌든 그는 일반적인 그림
그리기, 미술 활동을 경험하면서도 자신이 보는 대로,
표현하고 싶은 대로, 표현할 수 있는 방식대로 시각적
표현을 하는 것을 이어나가고 있다. 그것은 그 사람의
개별성을 보여주는 흔적이 된다. 단지 그 사람이 시각
장애를 가지고 있어서 그렇게 표현한다고 볼 수는 없
다. 그 사람은 타인에게 관심이 많고 그때마다 상대방
을 그려주려고 하는 마음을 가지고 있고 상대방이 '왜
동그라미만 잔뜩 그리냐' 해도 싱글벙글 웃는 성격 혹
은 관계 맺기의 방식을 가지고 있다. 이런 여러 요소들
이 그의 개별성을 구성한다. 그것이 이따금 예술 영역

에서 구체적인 표현으로 나타나는 것이다. 보통 그것은 그림 또는 미술이라는 이름으로 불리지만 그 이름이 부여되기 전, 그 사람의 욕구와 마음을 바라보는 과정이 더욱 중요하다.

* 이 글은 최창희 외, 『인간 탐구로서의 장애예술 연구』(감성정책연구소, 2022)의 수록 원고 최선영, 「장애, 그리고 예술이라는 함정 옆에서 '예술하기'」를 바탕으로 작성되었다.

같이 좀 모르자

멀리 돌아 나에게로

이 책은 장애인 예술교육을 하나의 주제처럼 두고 그 것에 대한 여러 관점을 고민해 보자는 제안처럼 보일 수 있다. 하지만 예술교육에서 가장 중요한 것은 예술교육가가 사람이나 예술이라는 주제를 저 멀리 두고 얼마나 다층적으로 사고할 수 있는가가 아니다. 그보다는 자신의 관점을 구성하는 삶의 경험과 가치관 등을 살피는 과정이 중요하다. 예술교육가에게 필요한 것은 결국 나의 자발적 고민과 성찰, 일상과의 연결, 능동적 실천일 수 있다. '나는 장애인 예술교육을 왜 하려고 하는가, 이 활동은 나의 삶에 어떤 의미인가' 등의 질문을 마주해야 하는 것이다.

나는 최근 이러한 맥락에서 예술교육가들과 대화하는 자리에도 자주 참여하고 있다. 단지 강의만 하는 것이 아니라 강의 내용 속에서 자신에게 질문을 던지는 요소가 무엇인지 함께 이야기를 나눠본다. 그러면 예술교육에 대한 관점을 구성하는 예술교육가 각자의 삶에 대해 이야기를 나누게 된다. 누군가는 사실 어렸을 때부터 정해진 것을 벗어나는 것은 응원받지 못했기 때문에 교육 참여자가 너무 낯선 표현 행위를 하면 유연하게 받아들이기 어렵다는 솔직한 고백도 한다. 날것의 표현을 바탕으로 이야기가 마구 쏟아지면 누군가는 더욱 불편하게 자신을 만나기도 한다. 그 과정은 대화 참여자에게 익숙한 경험이 되지는 않는다. 내가 보고 있는 무엇에 대해 알고 있다고 여기는 것을 말하는 것보다 왜 그렇게 보고 있는지 자신의 관점을 들여다보는 것이 더욱 어렵기 때문이다. 나는 이 책이 그 어려움에 한몫 할 수 있기를 바란다.

마지막으로 이러한 맥락을 표현한 그림을 소개하고 싶다.

한 사람이 무언가를 찾기 위해 아주 먼 행성까지 갔다. 그 사람은 명확한 존재, 확실한 해결책, 새로운 실체를 만나고 싶었을지 모른다. 하지만 그 사람이 새로운 행성에서 마주한 것은 결국 본인을 향해 손을 흔들고 있는 자기 자신이었다.

같이 좀 모르자

그림 / 이재환

넓게 나가는 글

아래 웹페이지에서 필자가 그동안 쓴 장애인 예술교육 관련 자료를 볼 수 있다.

2015 - 2020년 자료 : https://bigija.tistory.com/127

2021 - 현재 자료 : https://uugoorichoi.tistory.com/66